AF444176

ASÍ SOMOS, ASÍ PERECEMOS

JOSEP MARTÍNEZ ALCALÁ

ASÍ SOMOS, ASÍ PERECEMOS

EXLIBRIC

ANTEQUERA 2022

JOSEP MARTÍNEZ ALCALÁ

ASÍ SOMOS, ASÍ PERECEMOS

Advertencia

Querido lector:

Así somos, así perecemos es una novela de ficción. Cualquier parecido con la realidad es pura coincidencia.

No pretendo, y ya quisiera:
— enseñarte;
— adoctrinarte;
— convencerte;
— tener la verdad atada con un cordelito.

Pero si consigo que medites sobre estos temas, aunque sea con feroz discrepancia conmigo, me conformo y estaré satisfecho y feliz.

Gracias.

Temas tratados en este libro han sido reproducidos y comentados en los diálogos de mi libro *En pos de la humanidad eterna*.

RECORDÁNDOTE

Dulce ensueño que soñaste al que te sueña.
Nuestra noche fue eterna y no tuvo amanecer.
Ya cerca de la frontera el sueño es quimera,
y por un cielo infinito sin noche
tú me guías, compañera.
O quizás encuentre oscuridad,
porque un dios de maldad,
hipócrita y embustero,
ha cometido la indecencia
de negarnos la existencia
sin que ni siquiera lo pueda aborrecer,
porque en este cielo infinito
no tenga un lugar para nuestro amanecer,
ni siquiera un rinconcito.

Josep Martínez Alcalá

Prólogo

*«Vivimos en la Tierra
como si tuviéramos otra a la que ir».*
Terry Swearingen

Afirma el autor de esta obra, con la templanza y experiencia que le da la edad, que «nada va a cambiar; siempre estaremos bajo la bota de los poderosos. Pero si todos tenemos la ingenuidad de despertar nuestro cerebro pensando a nuestra manera en el país que nos gustaría, quizás algo cambie. ¿O no?». Y es que el hombre, como tal, hace tiempo que pasó a concebir el mundo como un campo de objetos abiertos a ser manipulados por él. Desde ese preciso momento, la naturaleza, y todo lo que con ella tiene que ver, comenzó a ser percibida exclusivamente sin más valor que el de servir como medio al 'bienestar' humano. En este sentido, podríamos recordar que el llamado estado de bienestar no ha sido capaz de dar respuesta a los grandes cambios que se están produciendo en la sociedad.

En *Así somos, así perecemos*, José María Martínez Alcalá realiza un viaje introspectivo en el que nos habla de sueños y quimeras, de qué somos, de cómo somos y por qué somos así, para terminar con la exposición de varias utopías sobre un país imaginario y, a buen seguro, imaginado por muchos de los lectores. Todo ello para poner sobre la mesa una realidad que afecta a la sociedad en general y al individuo en particular. Una realidad que viene a demostrar que la abundancia no conduce de forma necesaria al bienestar y a la calidad de vida, que la economía no puede crecer indefinidamente por los propios límites físicos que establece la naturaleza y que el problema económico principal no radica en el crecimiento, sino en la distribución de los bienes y los recursos; en el establecimiento de un marco general de cooperación y una nueva actitud basada en la armonía y no en la dominación. Así pues, el problema de todos en el futuro no tendrá que ver tanto con la diferenciación de las clases sociales, y sí con el empleo y la gestión de los recursos que tenemos a nuestro alcance, para así aumentar no solo nuestra calidad de vida, sino también la de las siguientes generaciones.

En cualquier caso, el autor no duda en ponernos sobre aviso y admitir de manera meridiana que «hoy en la Tierra existen un montón de sofisticadas estaciones buscando indicios de esa vida a la que llamamos inteligente y nada de nada. Claro, que hay que admitir que hablamos de nuestro entorno, que por grande que lo consideremos es una gota en el inmenso mar del universo. Seguro que en algún otro lugar o lugares se habrá producido también este rarísimo fenómeno de la especie humana».

Desde luego, razón no le falta.

Carlos Torres
Director editorial de ExLibric

Índice

TEMA I

SUEÑOS Y ¿QUIMERAS?

Capítulo 1

Maldito día

Domingo 21 de julio de 2013. Son las siete de la mañana. Estoy sentado en la cama desde el alba. No he podido dormir en toda la noche. Suena el móvil; me apresuro a cogerlo. Me están llamando de la clínica veterinaria. Oigo una voz profesionalmente afectada:

—Tengo que darle una noticia fea: el Curtet ha fallecido.

No puedo responder, porque no me sale la voz y no puedo contener las lágrimas. He perdido a mi gran amigo. Lo era, aunque tuviera cuatro patas.

Intento sosegarme y respondo:

—Ahora vengo.

Estoy perplejo. El viernes día 18 estuve paseando y corriendo con él por el campo. Tenía diez años y estaba lleno de vida. Al día siguiente, fui a buscarle a las ocho de la mañana para salir al campo con él y me lo encontré tendido en el suelo. Se levantó trabajosamente para acercarse a mí. Le cogí la cabeza con las manos y lo miré a sus grandes y expresivos ojos, que parecían preguntarme: «¿Sabes tú qué me está pasando?».

Lo trasladé rápidamente a una clínica veterinaria, donde le pusieron una vía y lo sedaron. Él no dejaba de mirarme y en sus ojos yo podía leer la misma pregunta.

Por la noche parecía que se recuperaba. Todos contentos. Me fui a descansar. El domingo iría a buscarle, me lo llevaría a casa y lo trataría a cuerpo de rey. Anoche no pude dormir. Cuando sonó el móvil estaba sentado en la cama desde las primeras luces del alba, esperando, con ilusión, una hora prudente para ir a buscarle.

Me dirijo a la clínica veterinaria. Por el camino procuro prepararme contra el impacto que, a buen seguro, voy a sufrir. Me pasan a una habitación fría y bastante en penumbra, con un solo mueble en el centro: una fría mesa de acero inoxidable sobre la cual yace mi Curtet. Desde luego no me ha sido posible prepararme para esto. Me acerco y acaricio su cabeza. Por un momento, y en lo más profundo de mi ser, imagino que sus ojos se van a abrir para mirarme. Lo contemplo; la muerte no ha podido borrar de su cara su dulce expresión habitual.

El gran dolor que siento me hace recordar cuando lo conocí. Cuidaba de una perra que un amigo me dejó durante un tiempo. Era negra, cruce de pastor alemán y de otras muchas razas. Tenía una larga y truculenta historia familiar y, al parecer, supo heredar lo mejor de cada raza.

Una noche, al llegar a casa, oí unos apagados gemidos que provenían de la caseta de la perra. Temí que le hubiera ocurrido algo, así que me acerqué rápidamente. Me llevé una agradable sorpresa: había parido un cachorro, uno solo, mi Curtet, al que le supo trasmitir su maravilloso mapa genético.

De cachorro fue maravilloso, y de adulto era grandote, dorado con una gran cabeza y unos grandes ojos enmarcados con una línea negra y rasgada, igual que si llevara maquillaje egipcio y con las orejas caídas. Sabía expresar tantas cosas que no necesitaba hablar.

La gran pena, el dolor y la impotencia que siento en estos momentos me sumerge en una profunda crisis existencial y me pregunto: ¿por qué la vida? Fatigas, sacrificios, dolor, disgustos, decepciones, preocupaciones y un largo etcétera de conceptos negativos, y todo salpicado como amapolas en los campos de trigo por algunos momentos de alegría, de placer, de felicidad, hasta llegar la muerte y desaparecer.

Vaya negocio la vida… Me parece una puñetera mierda injustificada y absurda. Necesito desesperadamente creer en algo que la justifique, que me demuestre su importancia y su propósito.

Esta pregunta no solo me la planteo yo. Creo que es común en todo ser humano, y para contestarla se han inventado mil cuentos, siempre basados en el más allá, y de los que me han contado a mí me acuerdo muy bien, aunque jamás me los pude creer y tomar en serio.

Empezaron con el ángel de la guarda. Mis primeras experiencias con el triciclo me enseñaron a pasar de él y confiar en mí, y también con el dolor de las caídas, el bálsamo de los tacos y palabrotas.

Al acostarme, mi madre me hacía rezar: «Con Dios me acuesto y con Dios me levanto, con la Virgen María y con el Espíritu Santo», para protegerme, pero toda esta tropa no supo evitar que pillara el sarampión.

Los truenos, me contaban, eran angelitos que arrastraban sillas por el cielo. Para mí eran unos bestias malcriados. A mí no me dejaban arrastrar sillas. Y seguían.

La lluvia eran angelitos que hacían pipí; además, eran unos marranos que se nos meaban encima. Supe que en unos sitios llovía más que en otros, por lo que deduje que donde llovía más meaban y donde llovía menos se la sacudían.

Tanto los Reyes Magos como Papá Noel pronto dejaron de caerme bien. Eran unos pelotas lameculos, que llevaban los mejores y caros regalos a los niños ricos, aunque fueran muy malos, y pocas cosas y baratas a los niños pobres, por muy buenos que fueran.

Por suerte, para los fenómenos atmosféricos pronto supe de explicaciones científicas y lógicas, y para los Reyes Magos y Papá Noel supe que detrás había un papanatas que lo pagaba todo, según sus posibles.

Recordar estos imaginativos, inocuos e ilógicos cuentos me hace sonreír. Pero lo que realmente me sorprende son los cuentos que me cuentan después. Cuando, ya más crecido, mi mente y mi razón tenían el suficiente desarrollo para resolver raíces cuadradas, quebrados y ecuaciones algebraicas, diversos profesores, supuestamente instruidos, serios y sesudos me contaban que había un dios que en seis días lo creo todo: cielo, tierra, agua, plantas, animales, etc. Al sexto día creó al hombre, moldeándolo con barro a su semejanza, y de una costilla del hombre creo a la mujer para que fuera compañera de este. No se sabe a semejanza de quién, porque no había nadie más y no sé qué opinaría de su obra, porque él no se quedó con ninguna.

Supongo, por el resultado, que al sexto día Dios debía de estar hasta las mismísimas pelotas de tanto trabajar, porque el séptimo descansó… Era fiesta.

Y muchos más cuentos que me contaban y me cuentan, todos igual de increíbles, ilógicos e irracionales pero, desde luego, nada inocuos.

Este dios, bondad infinita, pero lo suficientemente malvado, sádico, retorcido, perverso y con mala leche como para crear un infierno, con terribles tormentos inimaginables a los que me condenará eternamente por el solo hecho de hacerme una paja o de encontrar gusto pensando en lo buena que está la vecina del quinto.

Nunca me he creído estos cuentos, pero tenía que aprenderlos. Los convirtieron en una asignatura y si la suspendías, te coaccionaban con no pasar curso. También supe que a través de la historia, en cuanto han tenido poder para hacerlo, los inventores de estos cuentos han torturado robado, asesinado y violado a hombres, mujeres, ancianos y hasta a niños sin ningún asomo de piedad. Eso sí, siempre por su bien y en el nombre de Dios, simplemente porque, como yo, no tenían fe o no eran lo suficientemente gilipollas para creerse esas patrañas.

Esto, referido a una religión, la católica, que conozco muy bien, porque nací en un país y en una época que esta religión tenía mucho poder e influencia y me lo hizo sentir. Pero todas las religiones ídem de lo mismo, con grandes patriarcas que han capitalizado y prostituido las enseñanzas de nuestros grandes sabios, como Zaratustra, Jesús, Mahoma, Buda y seguro que de otros, tergiversando sus sabias enseñanzas para adaptarlas al logro de sus perversos intereses y consiguiendo lavar el cerebro de las personas, sobre todo en lo referente al sexo. Cuanto más poder tienen las religiones, más restrictivas son y con más fuerza controlan este aspecto humano. Saben muy bien que si consiguen controlar a los pueblos en esta gran fuerza que es el sexo, pueden controlar al individuo hasta en su estricta intimidad y, claro, muy fácilmente en todos los demás aspectos.

Con esa mentalidad y finalidad estos patriarcas construyen y editan esas absurdas historias y consiguen en el nombre de sus dioses provocar guerras y que se maten entre sí seres humanos a miles y a millones, sumiendo a la sociedad humana en el hambre, la desesperación y la miseria. Y así, la sociedad, frustrada en el mundo real, es más proclive a refugiarse y creer en el más allá, incrementando la influencia y el poder destructivo de las religiones, y pese a que son un azote sabido, sufrido y reconocido, el ser humano persiste en creer estas historias

¿Por qué? Supongo que por la imperiosa necesidad de justificar lo absurdo de la vida y tener el consuelo de la esperanza de algo mejor, claro está, en el más allá. Vaya mierda, ¿no?

En estos momentos me gustaría creer esas historias de dioses y cielos, pero me es imposible tener esa fe. Tendré que sufrir mi dolor sin anestesia.

★★★★★

Recupero de un cajón donde tengo bien guardado para no recordar lo que en octubre de 2004 escribí motivado por algo que me ocurrió que me sumergió en pensamientos que me hacían soñar y los sueños me hacían pensar. Y llegué a unas convincentes y lógicas, para mí, claro, conclusiones que, por desagradables, he querido olvidar y considerarlas como un delirio. Pero hoy las adjunto a lo que he escrito, porque necesito recordarlas y lo empiezo a leer.

Capítulo 2

Recuerdos

Un desagradable episodio de mi vida hace que mi mente se sumerja en lo profundo de mi subconsciente, tal vez para protegerme de la desesperación, generando sueños y desvaríos que, en cuanto emerjo, trato, con obsesión, de entender y razonar, sin poder evitar que lo razonado me genere nuevos sueños y así sucesivamente.

Es posible que en el fondo de nuestro subconsciente se escondan conocimientos heredados, algunos adquiridos y otros atávicos de los que no somos conscientes.

Es sorprendente que cuando algo nos aparta de nuestra marcha habitual y cotidiana, enfrentándonos a temas graves como la muerte, lo que nuestra mente es capaz de imaginar sobre temas que normalmente sabemos que existen, que son importantes y trascendentes, pero que normalmente no nos preocupan o inquietan, ni siquiera hablamos de ellos.

Ha pasado todo y recuerdo perfectamente los desvaríos, lo soñado, lo razonado y lo meditado. Lo escribo para relatármelo y así ordenar con lógica consciente lo que contiene el abismo de mi subconsciente, para razonar las respuestas que da a mis preguntas.

Es una tarde de primavera del año 2004. En mi patio, junto a unos grandes pinos, plantados años a por mi madre y por mí, algunos de un piñón, y a mi lado mi perro, Curtet, gran amigo siempre a mi lado. De pronto, empiezo a sentir una sensación de ahogo. Cada vez más asustado, me traslado en mi coche a urgencias médicas, acompañado de Elena, la compañera fija del desatino de mi vida, dispuesto a esperar dos horas por lo menos a que me atiendan. Pero, al explicar lo que me pasa, me atienden enseguida. ¡COÑO! Esto ya no me gusta

El doctor me pregunta:

—¿Fumas?

—Sí.

—¿Cuánto?

—Tres paquetes diarios.

—¿Y desde cuándo?

—Desde los dieciséis años, y tengo sesenta —le respondo sinceramente.

—¿Has tomado algo antes de venir?

—Sí, una aspirina, porque siempre me lo cura todo.

—¡Mal, muy mal! —me grita—. Tienes un neumotórax y te tengo que hacer un agujero para introducirte este tubo en el pulmón, y la aspirina puede producir una hemorragia.

Hablaba chillando y, desde luego, con muy poco tacto. Lo veo tan nervioso que me acojono y le digo:

—Mire, tranquilícese. Yo me voy a dormir a mi casa y mañana, cuando se me haya pasado lo de la aspirina, vuelvo, ¿vale?

Me mira con ira y me grita histérico, para terminar de arreglarme.

—¡No entiendes nada! Te estás muriendo. En diez minutos puedes estar muerto.

—Nada, nada, pues vamos —le respondo con acongojada voz. Acto seguido, le doy a Elena mi jersey y mi querido colgante antiguerra, y le apunto:

—«Mi herencia».

Rápidamente me pasan a un pseudoquirófano, y en la misma silla de ruedas en la que me han sentado, una enfermera guapa y, seguro, con conocimientos de judo, me inmoviliza entre sus brazos y sus grandes tetas, manteniendo mi brazo derecho en alto. Enseguida, el doctor me rocía el costado con un *spray*. Inmediatamente siento la fría hoja del bisturí abriendo en mi costado un cómodo paso para el jodido tubo, al que seguidamente siento deslizarse hasta el fondo de mi pulmón. Yo no entiendo mucho, pero supongo que el *spray* necesitaría un tiempo para hacer su efecto. Esperando un ratito, no las hubiera pasado tan putas. Luego siguió la fase del conectado a una maldita máquina a la que denominan vacuómetro. Durante cuarenta días fue mi inseparable compañera.

Las sensaciones que experimenté fueron realmente dolorosas y frustrantes. Al día siguiente, el doctor, con su peculiar tacto, me pone las cosas claritas.

—Mira —me dice en tono de buenos amigos—, a tu edad y con lo que fumas, lo normal es que el neumotórax lo haya producido un cáncer de pulmón o un enfisema o… —Un montón de otras lindezas que dijo y que no recuerdo—. No obstante, para asegurarnos, te haremos un escáner. —Seguidamente, con una optimista sonrisa, me suelta lo peor que se le puede oír a un médico—: Tú tranquilo, no te preocupes. —Naturalmente me dejó hecho calderilla.

Me veo acabado y empiezo a pensar qué habrá más allá de esa misteriosa puerta, que a buen seguro pronto voy a cruzar. ¿Alguna religión será verdad? ¿Cuál? Si es la de los indios americanos, por ser bueno me encontraré a lomos de un caballo con un arco y unas flechas, cazando eternamente en las praderas de

Manitú. A mí, que no me gusta cazar. O la de los indios de la India y, según mis méritos, me reencarnara en un bicho. Puede que en un conejo. Si fuera así, que me ponga con muchas conejas y me otorgue buenos reflejos. O la del islam, y por ser bueno me encuentre en un edén con ríos de leche y miel, y con muchas huríes, que por mucho que follen siempre son vírgenes. Bueno, esta ya me gusta más. O la cristiana, que cuenta que estamos en esta vida para amar y servir a Dios, y a los buenos promete gozarle eternamente en la otra. Tal vez esto ya queda muy ambiguo y poco atractivo, ¿no?

¿Qué encontraré en el más allá?

Capítulo 3

Primer sueño

La habitación del hospital tiene dos camas. La mía está al lado de un gran ventanal. Se encuentra en la última planta y da a la fachada posterior, que linda con una zona rural sin iluminación. No hay polución lumínica. Por este gran ventanal veo con claridad un cielo intensamente estrellado. Estoy tumbado panza arriba, dolorido, cansado y deprimido, pensando que ya todo ha terminado para mí y hay tantas y tantas cosas que no entiendo y que me gustaría conocer.

Realmente, esta inmensidad de cielo que veo por la ventana me produce un gran sosiego. Todo está equilibrado, inmóvil. Verlo me encanta, parece una fotografía. Eso es, estoy en mi vida, en la vida de la tierra, incluso de todo el sistema solar, contenido en lo que dura una instantánea fotográfica respecto al tiempo real del universo. Si me salgo de la fotografía y en tiempo real, ¡a la porra el sosiego! Este universo, sus estrellas y sus galaxias serán como las chispas de una inmensa caja de petardos que ha estallado fortuitamente. Las estrellas corren alocadamente brillando y apagándose, chocando unas con otras, igual que las galaxias. Todo un enorme caos.

Pero en el pequeño intervalo de tiempo de la fotografía en que habito todo es paz, equilibrio y sosiego. Quizás en nuestra fotografía estemos solos, no exista otro planeta habitado por seres con mentes parecidas a la nuestra, pero puede que existan en instantáneas anteriores o posteriores. Será difícil coincidir.

Me han suministrado analgésicos y sedantes para el dolor y para dormir. Creo que estoy un poco colocado. Quizás por esto, y porque conscientemente el dolor no me deja mover el cuerpo y con estos pensamientos que no puedo apartar al cerrar los ojos, caigo en un profundo sopor, y mi mente me sumerge en lo más profundo de mi subconsciente.

Me veo a mí mismo acercándome al gran ventanal. Traspaso los cristales sin romperlos, miro hacia abajo y me embarga una gran sensación de vértigo, que enseguida se desvanece. No siento mi peso y asciendo hacia este mar de estrellas. Desde la altura veo el hospital, que se hace pequeño, y luego también la tierra. Todo esto vivido con una fantástica e increíble sensación de realidad que jamás podré olvidar. Soy inmensamente feliz. Me siento capaz de viajar por todo el universo en pautas de tiempo y espacio. Según mi voluntad, puedo ir en un instante a pasear por las caldeadas estepas de Venus y contemplar sus formidables tormentas, o deslizarme por los hielos de Europa, o navegar por los lagos de Titán, o viajar en tiovivo sentado en una roca de los anillos de Saturno.

Se me ocurre recorrer el universo buscando a ese dios cristiano del que tanto me han hablado, porque me siento muy cabreado, por lo mío, por todos los niños que mueren de hambre, por los genocidios que quedan impunes, por todas las injusticias que presencio cada día y un montón de cosas más. Me gustaría decirle cuatro palabritas y pedirle algunas explicaciones. Claro que este dios tan bondadoso no sé qué coño me explicará. El que por un cabreo asesinó a todos los inocentes primogénitos de los egipcios en la cuestión de Moisés y cómo se cachondeó de él enviándolo con su pueblo al puto desierto de Canaán, cuando seguro que les hubiera encantado que los llevara a Canadá; el que se cargó Sodoma y Gomorra con todos sus habitantes y, de seguro, con muchos inocentes, porque les gustaba la juerga; el que siempre ayuda a los buenos solo cuando son más que los malos, y suma y sigue.

Mientras recorro el universo estrellado en busca de Dios, se me ocurre ver en el pasado, millones de años atrás —¿cuántos? Me da igual— a nuestro sistema solar. Me emociona saber cómo era, y me ha sorprendido. Veo nuestro sistema más compacto, y las órbitas de los planetas son circulares. Mercurio no está; Venus y la Tierra están más próximas y son incandescentes; Marte ocupa una órbita próxima a la que hoy tiene la Tierra; Marte es un hermoso planeta un poco mayor que la Tierra; siempre presenta la misma cara al sol; no tiene estaciones, ni días ni noches; hace calor, tiene una gran cantidad de agua y siempre está totalmente cubierto de densas nubes; su densa atmósfera casi iguala en luz y temperatura sus dos hemisferios; no llueve, pero hay una gran humedad; en todas partes prolifera una frondosa vegetación de un color que no se definir; son tonos magenta y amarillo grisáceo. También prolifera la vida animal en gran cantidad de especies, todas acuáticas o anfibias. Estoy a gusto en Marte.

De repente, mi hermoso sueño se transforma en una horrible pesadilla. Una gran masa de materia se cruza en su trayectoria con nuestro sistema solar. Su fuerza de atracción desvía el conjunto y atrae a los planetas; sus órbitas se hacen más grandes y elípticas, y provoca que del sol y de los planetas incandescentes se desprendan pequeñas masas, igual que hace el viento sobre una hoguera, que se atraen y se unen entre sí, formando masas mayores. La Tierra ocupa la órbita de Marte y atrapará una de estas masas que constituirá su luna; otras formarán el planeta Mercurio, y Marte se traslada a la órbita que hoy tiene. Este imaginario proceso, que yo he vivido rápidamente, se habrá producido en millones de años.

Al alejarse del sol, Marte empieza a enfriarse. La vida lucha desesperadamente por evolucionar y adaptarse a las cambiantes condiciones, pero de manera inexorable va sucumbiendo. El magma donde flotan las placas tectónicas al enfriarse se contrae. El planeta se autoexprime, ejerciendo gran presión sobre el magma inferior, todavía incandescente y fluido, abriendo grandes grietas en la capa superior por donde fluye con gran fuerza el magma incandescente a gran altura, convertidos en poderosos volcanes. Las capas tectónicas, al reducirse el planeta, bajan apretándose unas contra otras con gran presión, reventando, enviando grandes masas de materia al espacio. Por las enormes grietas se vierte el agua congelada de sus grandes océanos en profundas cavidades del magma en estado plástico y muy caliente, transformándose de manera instantánea en vapor, que se expande formando inmensas cavidades en el magma, que con la expansión algunas llegan a cerrarse reteniendo el vapor. También parte de este vapor escapa en grandes volúmenes al espacio. A veces, unas placas montan sobre otras formando grandes montañas. Al final, todo se estabiliza. Las placas descansan sobre una capa de magma que, una vez enfriada, ha formado un sólido cuerpo cavernoso donde se aloja una enorme cantidad del agua procedente del vapor que no pudo escapar. Toda la vida ha muerto.

En una órbita más propicia, la Tierra se prepara para que germine la vida. Pero todo esto no me interesa. Lo que yo quiero es encontrar a Dios y no sé por dónde empezar. Me han asegurado que me creó a su semejanza. ¡Ya es algo para comenzar! Tendremos gustos parecidos y pensando en lo que me gusta a mí, tengo que buscar una celestial mansión con piscina y *jacuzzi*, con muchas santas y buenas, y mejor, muy buenas y no tan santas.

Harto de viajar por todo el universo sin encontrar la dichosa mansión, ni a quién preguntar, se me ocurre buscarlo en el trabajo. Tendré que retroceder a la creación del universo, los seis días que trabajó, porque a partir de ahí es evidente que no ha dado palo al agua.

Mientras me desplazo al pasado, observo que toda la materia del universo, galaxias, estrellas y planetas se apagan y se descomponen y pulverizan, transformándose en energías. Todo queda en un inmenso mar de pequeñas y opacas luces que van desapareciendo hasta que no queda nada de nada, ni rastro de todo el universo. Todo ha desaparecido. Me encuentro flotando en medio de ninguna parte. Absolutamente nada perciben mis sentidos. ¿Dónde se ha metido todo? ¿Dónde se ha metido la inmensidad del universo, que no ha dejado rastro alguno? ¡Aquí no hay ni dios!

He oído decir que el universo se generó por la concentración de polvo que formó una gran masa compacta que explotó (el *Big Bang)*, generando el universo y que este polvo procedía de otro universo anterior que colapsó y se desintegró. Si la materia no se crea ni se destruye, aquí tendría que estar este polvo. ¡Y no hay ni leches!

Capítulo 4

Despertar del primer sueño

Empieza a amanecer. Desaparecen las estrellas y me apeo de mi subconsciente. Dejo mi fantástico fondo interior para montarme en mi consciente nada fantástico. Me siento fatigado por la angustia que he sentido soñando la destrucción de Marte y por la desazón de no encontrar a Dios. La imaginación me ha jugado una mala pasada. He sufrido una maldita y horrible pesadilla.

Entra el sol por la ventana. Es un hermoso día. Yo sería feliz con solo poder caminar por la calle sin rumbo fijo, paseando con mi perro, disfrutando del sol y sin que me doliera nada. Pero aquí estoy, postrado y dolorido, pensando que ya no podré hacerlo nunca. Me sorprende el valor que damos a estas pequeñas y simples cosas, casi siempre a nuestro alcance, cuando no podemos hacerlas.

Y así transcurre la jodida mañana. A mediodía como poco, me sumerjo en una consciente somnolencia. Viene la enfermera a tomarme la presión sanguínea y el pulso (10-6 y 48 pulsaciones). Me dice que «muy bien». «Pues vale», le contesto con alegría. Son las 14:00 horas y estoy esperando el resultado del jodido escáner.

A las 17:00 horas entra en la habitación un hombre grandote con una chaqueta blanca. Se mueve con solemnidad en todos sus gestos y ademanes. Hace salir a Elena de la habitación y cierra la puerta. Se me acerca con ceremonia y me dice con voz profunda:

—Soy el páter y he venido por si quieres que hablemos.

Yo, con un acongojado hilo de voz, le digo:

—Ahora no y no se preocupe, que cuando le necesite le mandaré llamar.

Enseguida he relacionado su visita con los resultados del escáner que me ha de traer el doctor y eso me hace pensar que serán malos, muy malos. Me he quedado hecho trizas

A las 18:00 horas viene la enfermera otra vez a tomarme la presión: «¡Dios! 19-9 y 120 pulsaciones. Le digo que «tranquila, que ya sé de lo que es». No me hace caso y sale corriendo. En un momento se presenta con el doctor, que me revisa. Me declara estable y me informa que los resultados estarán mañana. ¡Otra noche de incertidumbre! Bueno, en realidad no. Con la visita del páter doy por seguro que todo será nefasto.

Capítulo 5

Segundo sueño

Se hace de noche y empiezan a aparecer las estrellas. Viene la enfermera y me administra los analgésicos para el dolor y para dormir. Espero con ansia que apaguen las luces para que me invada el sopor y pueda sumergirme en mí para viajar otra vez por este mar de estrellas.

Cesan, por fin, los ruidos y las luces. Me sumerjo en mi inconsciente y me encuentro con una gran sensación de realidad, flotando en la nada. En mi entorno no existe nada que puedan captar mis sentidos. Recuerdo el inmenso mar de lucecitas en que vi desaparecer el universo y quiero saber dónde está. Es increíble que soñando se puedan rememorar otros sueños.

Dicen, y parece cierto:
- Que la materia es energía y viceversa.
- Que la materia o energía ni se crea ni se destruye, solo se transforma (no entiendo cómo teniendo dimensiones de tiempo y de espacio pueda ser eterna).
- Que hay materia o energía positiva y negativa.
- Que cuando se une la materia positiva con la negativa, se transforman totalmente en energías que se suman y se aniquilan.

Lo que imagino de inmediato es que la inmensidad de lucecitas en que se convirtió el universo y vi desaparecer eran energías positivas y negativas que se sumaron y en este estado la energía debe de ser neutra y habrá perdido todos sus referentes relativos, y no tiene dimensiones ni de espacio ni de tiempo. Mis sentidos no pueden percibirla.

No estoy flotando en la nada. Estoy inmerso en la suma de todas las energías que existen. Es «el todo absoluto». Aunque se llame la nada, quizá sea el estado natural de la energía. No tiene dimensiones. Puede ser eterna o lo más efímero y seguir siendo eterna. Puede ser infinitamente grande o infinitamente pequeña y seguir siendo infinitamente grande. No tiene principio ni fin, ha existido siempre y siempre existirá. Ni se crea ni se destruye, pero sí puede transformarse. La materia o energía si tiene el poder de adoptar un estado en que no tiene dimensiones. Entonces entiendo que sea eterna. Evidentemente, los universos y todo lo que existe ha salido de aquí, ha sido creado por este «todo» neutro, eterno e infinito, que denominamos la nada. Creo firmemente que la nada es Dios.

Avanzo en el tiempo. Quiero ver cómo se forma el universo. Vuelve a brotar de la nada la inmensidad de lucecitas. Seguro que son energías positivas y negativas que se separan y recuperan sus referentes relativos, y adquieren dimensiones. Unas se unen con otras y desaparecen; otras se unen y crecen y crecen, y la energía, no sé cómo, adquiere masa y se transforma en materia, formando universos positivos y negativos dispuestos en superficies esféricas concéntricas como las pieles de una gran cebolla, unidos por los puntos de coincidencia de las resultantes de las fuerzas de atracción entre ellas. Desde mi universo positivo sueño ser atraído por uno de estos puntos. Mi velocidad aumenta, mi masa disminuye; el tiempo aumenta en el punto de unión de ambas fuerzas; mi masa es cero, pero conserva la energía de mi inercia. El tiempo es infinito; ya rebasado este punto, mi velocidad va disminuyendo, mi masa aumenta y disminuye el tiempo. Me veo integrado en un universo negativo, porque mi materia ha cambiado a negativa. Es maravilloso; todas las esferas concéntricas y de las mismas dimensiones, y todo sumergido en la nada infinita. Ha sido un sueño alucinante y agradable.

Capítulo 6

Despertar del segundo sueño

Amanece otra vez y este universo estrellado donde me encuentro empieza a desaparecer. Tengo que instalarme en mi consciente con todas las cosas desagradables que ello conlleva. Sigo inmóvil y dolorido, pensando que ya nunca podré dar este soñado paseo por las calles bajo el sol.

Después de mi onírico delirio, despierto y, recordando mis sueños, creo realmente que la nada es Dios y lo es realmente todo. Me encuentro defraudado, apático, triste y desamparado. Claro que está en todas partes, todo forma parte de él. Yo mismo soy una partícula de un inmenso todo creado. ¿Con qué propósito? No lo sé; me siento como un grano de trigo en el granero. El granero es lo importante.

Me hubiera gustado encontrar la mansión de Dios, con un dios bondadoso, con barba blanca, que me reconociera una personalidad y me hablara como el doctor: «Tú tranquilo, no te preocupes». Pero esto para mí es absolutamente descartable. Si Dios es la suma de dos extremos, positivo y negativo, todo lo creado será a su semejanza y se reflejará en todo lo que sean capaces de percibir nuestros sentidos. Todo lo creado tendrá dos extremos relativos.

Por un momento imagino que si la nada es única, infinita y eterna, el universo será efímero, múltiple, limitado y renovable.

En mi entorno observo:
- El egoísmo/la generosidad.
- El frío/el calor.
- La luz/la oscuridad.
- El dolor/el placer.
- El amor/el odio.
- La vida/la muerte.
- La maldad/la bondad.
- La soberbia/la humildad.
- El caos/el orden.
- La estupidez/la sabiduría.

Y así un largo etcétera, donde todo concepto, sin excepción, tiene dos extremos opuestos. No se puede eliminar un extremo sin que desaparezca el otro. Hasta nuestros sentidos solo nos indican dónde estamos entre dos extremos de una sensación.

No puedo dejar de preguntarme si puede la suma total de todas las energías generar una inteligencia que sea capaz de plantearse un deseo, una opción, un proyecto o un propósito. Nunca sabré cómo se produce, cómo se genera, pero la respuesta la encuentro en mí mismo. Soy una porción de energía que se transformó en materia y esta materia supo organizarse para crear vida, y la vida fue capaz de generar una inteligencia, un pensamiento. ¿Qué inteligencia será capaz de generar la capacidad de todas las energías sumadas? Creo que infinita.

Me he razonado que Dios es eterno e infinito y que lo es todo y que posee una infinita inteligencia. Pero sigo sin explicarme por qué coño creó los universos y la vida, o sea, la pregunta de siempre: ¿qué puñetas hago yo aquí? Sigo sin explicarme qué propósito tiene la vida. Por mí, Dios podría quedarse tranquilo y no armar este follón.

Hoy es el día en que me van a dar el resultado del maldito escáner. Estoy convencido de que será malísimo. Desde el alba, cuando he aterrizado en mi jodida realidad, mis conjeturas me han llevado a unas conclusiones sobre Dios que a mí me convencen y, desde luego, que, para mí, está claro que es inútil rezarle y esperar un milagro.

Sé que todo lo que sucede en cada momento está condicionado por las casuales circunstancias del entorno en aquel espacio-tiempo. Sin más hostias. Me invade una dulce tranquilidad derivada de la resignación. Es un curioso estado anímico que se produce cuando ya no se tiene esperanza.

Recuerdo de joven, en el mar, practicando una inmersión con equipo de escafandra autónoma y sumergido a 37 metros. Me falló el equipo y me provocó una lesión en la pleura. Tuve que emerger sin aire. Recuerdo la luz de la superficie, la imaginaba alejándose a medida que yo avanzaba. Creí que nunca la llegaría a alcanzar y mi sorprendente tranquilidad cuando llegué a la superficie. Tenía que nadar un kilómetro hasta la orilla, muy tocado físicamente. Seguía tranquilo y relajado hasta llegar a las rocas de la orilla. Entonces, consciente de la posibilidad de salvar la vida, fue cuando me invadió la ansiedad y la desesperación. No daba una; me golpeaba contra las rocas y un poco más y me mato estúpidamente.

Ahora siento la misma tranquilidad de entonces. Transcurre la mañana. A mediodía como poco; no tengo hambre. Me suministran los analgésicos y me sumerjo en una dulce somnolencia, esperando sin ganas las noticias del doctor.

Cerca de las cinco de la tarde aparecen el doctor y la enfermera, muy sonrientes. Me saludan muy joviales. Pienso que si me van a dar una mala noticia son un par de hipócritas. El doctor me dice: «Estás de suerte. Tus pulmones están sanos. Tienes simplemente una herida que, cuando se cierre, no te dejará secuelas. Esperamos que se cierre por sí sola; de lo contrario, tendremos que operarte». Y me explica con satisfacción científica la operación, sin darse cuenta que oyéndole me estoy poniendo de color verde. «Hay que cortar por la espalda, separando las costillas para poder meter la mano y cerrar la fisura, y ya está». Lo dice contento. Claro, las costillas de las que hablamos son las mías.

La satisfacción de que no es mi final, que me recuperaré, que viviré, me hace sentir que he llegado a la orilla. Mi dulce tranquilidad desaparece y la sustituyen la ansiedad, la prisa y la desesperación por salir del hospital y dar el soñado paseo por las calles bajo el sol. Pero, cuidado, porque sigo ligado a la maldita máquina, postrado y dolorido.

Anochece. Vuelven los analgésicos, pero no quiero sueños ni delirios. Quiero pensar. Para mí está muy claro lo que es Dios y su infinita inteligencia, pero sigo sin comprender qué motivos tuvo para organizar todo este follón de la creación. Si todo forma parte de lo mismo, también nuestros pensamientos y sensaciones tienen que ser algún reflejo del todo. Busco en todos los seres vivientes un sentimiento fuerte y común como reflejo del propósito de Dios de crear los universos y la vida.

Me despierto. Es muy temprano de una mañana gris. Por mi ventana solamente veo nubes. Hace seis días que sólo pienso intensamente qué motivó el propósito de Dios.

Mis pensamientos quedan interrumpidos por la visita del doctor. Tan jovial como siempre, me dice:

—Como la fisura de la pleura no se cierra por sí sola, hemos decidido operarte. —Me repite con gran entusiasmo los detalles de la operación sin darse cuenta de que me pone enfermo. Luego, para animarme, añade—: Es una operación sencilla. —Tal vez porque aprecia en mi cara un mohín de alegría prosigue—: Pero todas las operaciones tienen su riesgo. —Y se va tan contento. Es… un encanto. Ya sólo puedo pensar en la operación, no creí llegar a esto.

Son las seis de la mañana. La enfermera me despierta para darme una pastilla y me recuerda que a las siete entro en quirófano. Al cabo de un poco, noto que la genial pastilla me ha dejado ausente de mí mismo. Pierdo la noción del tiempo y oigo el estruendo de la camilla y los enfermeros, que me vienen a buscar. Sigo ausente, como si todo lo que ocurre lo viera por televisión, pero en mi cabeza truena la voz del doctor: «Toda operación es un riesgo». Entro en el prequirófano y veo a una enfermera —creo que guapa, solo le veo los ojos, unos ojos sonrientes—. La miro y siento un pinchazo en la mano. Al momento, no solo estoy ausente, sino que he desaparecido.

Son las cinco de la tarde, según me dicen, cuando empiezo a aparecer, es decir, a despertar. Sigo dolorido y esa puta maquina continúa unida a mí. Cierro los ojos y me veo sentado en las rodillas de mi madre —yo con seis años, claro—. Ella está sentada junto al balcón. Es una tarde de otoño. Yo tenía un cancionero con una canción que contaba la historia de un bandolero que se liga a una tía joven, rica, guapa y con dinero, y al tío todo le sale bien. Para los niños de entonces, que no teníamos televisión, la canción era muy atractiva. Mi madre me hacía leerla cantando una y otra vez, para que aprendiera a leer y yo me sentía muy feliz en aquella tarde mágica sentado en las rodillas de ella. Este recuerdo, traducido a plácido sueño, es un consuelo en estos momentos.

Han transcurrido ya dos días. Estoy en la habitación. Todo marcha bien, me estoy recuperando. Ya me han desconectado de la maldita máquina y pronto saldré del hospital. Ya no pienso ni en escáneres ni en operaciones, solamente siento una gran impaciencia por pisar la calle. Para distraerme se me ocurre poner un rato la tele por primera vez desde que fui hospitalizado. Están retransmitiendo un reportaje de una fiesta de postín, a la que acude gente adinerada. Vamos, la *jet set,* creo que la llaman. Seguro que son artistas, políticos, banqueros, financieros y todo tipo de chorizos sin escrúpulos, que de seguro de todo habrán hecho para conseguir dinero. ¿Por el dinero? ¡No! Por el poder que da el dinero, para ser importantes y que los reconozca la sociedad, todo para satisfacer su soberbia. Hay una explosión de soberbia en sus coches, en sus vestidos, en sus joyas y en todas sus expresiones. Se mueven como pavos reales. Eso es, porque la soberbia también la veo en los animales para sentirse importantes frente a las hembras y sus rivales, y soberbias son las hembras a su manera y hasta las plantas con sus flores son soberbias.

Ahora distingo entre «existir» y «ser». Existir no depende de nadie; existes y punto; el ser te lo otorga una mentalidad, una inteligencia que te reconozca.

De repente, me doy cuenta de que Dios lo es todo, pero si no hay una mentalidad, una inteligencia que lo reconozca, no es nada. ¡Absolutamente nada! Quizá, Dios en su infinita inteligencia tenga la soberbia de querer ser, además de existir. Si este es su propósito, la creación del universo es el proceso para formar esta o estas inteligencias que precisa. Pienso que creó el universo para crear la vida y para que la vida le creara a él.

Otro sentimiento fuerte y generalizado es el egoísmo. ¿Qué otra cosa podría tener Dios en cuenta si no existía nada más? Está claro que él mismo.

Y sigo sin tener una idea de qué pinto yo en todo esto, porque, desde luego, si Dios confía para su propósito en la especie humana, «la vida inteligente de este planeta», va apañado. Lo tiene crudo, porque nos lo estamos cargando todo estúpidamente y, además, tendría que haber muchas vidas inteligentes en los universos y, de momento, parece que estamos más solos que la una, y me parece lógico que para que en un planeta exista vida como la nuestra, ha de estar a una distancia adecuada de su estrella, para tener una temperatura que permita la vida; debe tener una masa determinada que se traduzca en una gravedad tolerable; un núcleo incandescente y sólido rodeado por el magma sobre el que flotaran las capas tectónicas y una luna que provoque una distinta velocidad de giro entre el núcleo y el magma, para que el rozamiento genere un campo magnético que evite que los rayos cósmicos de su sol alteren la genética de los seres vivientes y pueda haber especies estables y, además, estabilice la posición del eje de giro del planeta para que no se genere un caos climático. Después de todo esto, y suponiendo que en el planeta exista una biodiversidad con millones de especies, la posibilidad de que exista una especie como el ser humano será de uno partido por los millones de especies. Y, por si fuera poco, tendríamos que coincidir en el tiempo. Si imaginamos la enorme edad del universo y el pequeño tiempo de nuestra existencia, sería difícil coincidir.

Hoy en la Tierra existen un montón de sofisticadas estaciones buscando indicios de esa vida a la que llamamos inteligente y nada de nada. Claro, que hay que admitir que hablamos de nuestro entorno, que por grande que lo consideremos es una gota en el inmenso mar del universo. Seguro que en algún otro lugar o lugares se habrá producido también este rarísimo fenómeno de la especie humana.

TEMA II

¿QUÉ SOMOS?

Capítulo 1

La meditación

Por mi parte, ni sé de dónde vengo ni a dónde voy, ni siquiera dónde estoy, y esto lo hago extensible a todo lo que vive. Voy a intentar, al menos, tener una idea de qué puñetas somos. Empezaré por meditar qué coño es la vida.

Me dicen que somos seres vivos y me gustaría saber qué significa esto, para averiguar qué soy. Dicen que hace la friolera de 4.500 millones de años en un lugar de la Tierra, en aquel entonces caótico planeta, se dieron las casuales y propicias circunstancias ambientales y materiales para que se creara la vida. Igual que la energía, no sé cómo, se transformó en materia. La materia, tampoco sé cómo, adquirió vida. ¿Será la vida un estado de la materia?

Dicen que se formaron aminoácidos que dieron lugar a una primera célula viva muy elemental. Eso de elemental es un decir. Como mínimo, «vivir» significa nacer, reproducirse y morir, y esto ya es una gran complejidad. Por pequeña que fuera la zona ambiental donde ocurrió este milagro, no se formaría una sola célula, sino otras más, y si en su formación tenían una variedad de opciones, tendrían diferentes características.

Estos primeros seres vivos estarían desconcertados, sin ninguna experiencia para sobrevivir, pero seguro que poseían una gran inteligencia y sabiduría para adaptarse a su pequeño biotopo, que podía transformarse súbitamente en un ambiente hostil. Evidentemente, sobrevivieron. Supieron transformar minerales en nutrientes y también sabían que lo que empieza acaba y que, al crearse la vida, se creó instantáneamente su otro extremo, la muerte. Para perpetuarse supieron reproducirse. Para mayor éxito de supervivencia y perpetuación supieron asociarse.

Para que funcione, toda estructura social debe tener sus leyes, y estas primeras células ya estaban dotadas del ADN, que informa a cada célula de quién es, dónde ha de estar y qué función ha de desempeñar. Las células que no cumplen son eliminadas, porque son un cáncer capaz de destruir la sociedad.

En 4.500 millones de años las células no han parado de atesorar experiencia para perfeccionar sus criterios de sociedad, formando el reino animal y el vegetal. Todo lo que decimos que vive. Las distintas sociedades, cada una con su particular código genético, forman las diferentes especies de vegetales, animales e insectos Hay seres vivos, células, que sin formar parte de ninguna sociedad conviven simbióticamente o parasitariamente con ellas. Esto me lleva a preguntarme, poniendo como ejemplo al ser humano, en su aspecto animal, si realmente vivimos, o somos una máquina formada y construida por 38 billones de células, que realmente sí son seres vivos, distribuidas en 200 tipos, cada uno de ellos destinado a una función determinada.

¿Acaso somos un robot programado y nuestra programación incluye instinto de conservación para no romperse; instinto para proveerse de nutrientes para mantener a 38 billones de seres vivos; instinto para reproducirse, para superar el otro extremo de la vida, la muerte?

Es curioso que en el proceso de gestación se reproduce toda la historia de nuestra construcción, hasta nosotros hoy. Una célula se asocia con otras y se reproducen según unos determinados esquemas genéticos; se distribuyen funciones y van formando, digamos, un nuevo robot, evocando incluso todos los estadios evolutivos, y esto ocurre de alguna manera en todo lo que vive.

Sin embargo, del programa de supervivencia del que fuimos dotados surgió un daño colateral, esto es, se generó una inteligencia que motivó que se crearan los sentimientos que, a buen seguro, están más o menos intensos en todos los seres multicelulares; en el ser humano, fuertemente intensos, lo que hace de nuestra especie la más infeliz y desgraciada, porque es la que con más intensidad conoce, entiende y teme a la muerte y, como todo, con sus dos extremos opuestos; en este caso, el bien y el mal.

El ser humano es capaz de grandes actos de bondad, generosidad y sacrificio para los demás, y también es capaz de notables acciones de egoísmo, crueldad, destrucción y maldad. Tanto hay de bueno y tanto de malo; lo bueno construye y lo malo destruye; está claro que destruir es más fácil y rápido.

Clasificamos la vida en los reinos animal y vegetal. Pero la gran intensidad de los sentimientos en la especie humana hace que en el extremo de la maldad se genere el reino de las bestias como subespecie humana.

Según lo razonado y resumiendo, yo, por ejemplo, con nombre y apellidos, no soy más que una máquina o un robot construido y formado por 38 billones de células, asociadas, y dotado con funciones programadas para la supervivencia de esta sociedad.

Todo esto me da otra idea de lo que puedo ser, además de dejarme por los suelos mi ego y mi personalidad. Espero estar equivocado en todo. En cualquier caso, sigo sin comprender qué es y cómo existe este milagro de la vida, o sea, ¿QUÉ COÑO ES LA VIDA? ¿Será un milagro en realidad?

Capítulo 2

La biodiversidad y la evolución

Parece que la biodiversidad sigue el mismo patrón organizativo que las sociedades de células que forman cualquier ser de una especie. Si cada individuo de una especie lo imaginamos como una célula integrada en un tipo que llamaremos «especie», todas las especies unidas formarán un ser, la biodiversidad, y tendrán que tener entre ellas una armonía positiva para su supervivencia, naturalmente regido por una ley, una especie de ADN. La prueba de la existencia de esta ley es la supervivencia y armonía de los millones de especies que forman la biodiversidad. Y para sobrevivir en este universo sumergido en el caos, la vida ha de saber adaptarse, ha de evolucionar.

★★★★★

La evolución

Quien mejor me explica la relación entre las especies y su evolución es Charles Darwin, poderoso cerebro que supo romper el oscurantismo mediático religioso que sobre el tema había. Viajó durante años para desarrollar su teoría de la evolución de las especies por selección natural. Quizá por ser tan lógica esta teoría fue también desarrollada, paralelamente, por un naturista de las Molucas llamado Alfred Russel Wallace. Afortunadamente, los dos eran unos caballeros y sus teorías han llegado hasta nuestros días.

Cuando estoy delante del televisor visionando uno de tantos reportajes sobre el desarrollo de las especies y la vida animal, que son el resumen y las conclusiones del trabajo de muchos naturistas profesionales y cualificados en estos temas, pienso en Darwin y en otros como él, en los penosos viajes y sacrificios que les costaba saber lo que yo puedo aprender aquí cómodamente sentado en mi sofá. Entonces siento una gran admiración y respeto hacia estos geniales y esforzados personajes.

Según Darwin, el origen de todas las especies es común. En unas condiciones especiales en la Tierra se formó una célula simple, una ameba que se multiplicó, formando varias especies de órganos simples que evolucionaban por selección natural. Para entender cómo de esta manera podían pasar a organismos más complejos se introdujo el concepto de «mutación»; si en una especie se produce una mutación casual, si es positiva para su supervivencia en el entorno, prospera; en caso contrario, se destruye.

Está demostrado que la selección natural es la vitalidad de las especies. Cada especie ha generado mecanismos para, de alguna manera, seleccionar a los individuos que se reproducirán. Los más fuertes evitarán a los depredadores; los más débiles y enfermos sucumbirán, y así la especie será fuerte y sana.

Recuerdo un reportaje en el que en un bosque de Rusia eliminaban a los lobos, para que aumentara la población de venados. Lejos de esto, los venados enfermaban y la especie se hizo débil y decadente. Volvieron a introducir a los lobos y estos limpiaron la especie de enfermos que no pudieron contagiar a los demás; los venados se fortalecieron y aumentaron en número. La especie se recuperó.

En lo que me es imposible creer es en la casualidad de las mutaciones desde que conocí las adoptadas por las especies buscando un eficaz camuflaje para eludir a sus depredadores o para acechar a sus víctimas. Son realmente maravillosas y sorprendentes.

Encuentro un insecto que ha transmutado su cuerpo, imitando a la perfección en tamaño, forma y color las hojas de los eucaliptos; incluso en el color incluye cuidados matices: los hay de color verde idéntico a las hojas; otros imitan a las hojas verdes que empiezan a caducar con un extremo de color marrón; otros igual, pero totalmente marrón. Para mayor perfección, tienen manchas blancas que imitan el guano de los pájaros. Y no solo eso: en su movimiento para desplazarse imitan el de las hojas mecidas por la brisa.

Que tantas características positivas converjan por casualidad en la misma especie y al mismo tiempo a mí me parece un milagro imposible.

Yo razono que si por casualidad este insecto muta su cuerpo en forma de la hoja del eucalipto y ya por milagro acierta en el tamaño, también necesitará el milagro del color, porque si por casualidad se muta en color naranja, en medio de las hojas verdes, la especie va a tener una vida muy efímera. Igual que el movimiento: si por casualidad muta a una rápida velocidad de desplazamiento, será detectado fácilmente en medio del suave movimiento de las hojas.

Para conseguir la perfecta mutación sólo lo entiendo si la especie tiene una gran inteligencia con nuestros cinco sentidos, y seguro que algunos más.

Primero tendrá que analizar el entorno para determinar la solución más conveniente; en este caso, se elige el camuflaje con las hojas del eucalipto. Luego hay que estudiar esta hoja (tamaño, color, movimiento, etc.) Y, una vez hecho el proyecto, hay que poseer los medios, la sabiduría y la técnica para materializar la mutación perfecta.

Este proceso se puede aplicar a miles de especies de insectos que para su camuflaje imitan a la perfección, en tamaño, color y movimiento, a elementos comunes a su entorno (hojas, ramas cortezas, espinas…) no comestibles. Por ejemplo:

- El insecto palo.
- La mantis hoja muerta.
- La mantis orquídea.
- La mariposa hoja.
- La mariposa búho.
- Hay especies de frágiles polillas que han disfrazado su cuerpo de avispas.
- En reptiles, como el lagarto hoja.
- Hay ranas cuyo cuerpo tiene la forma de un grupo de hojas apelmazadas.
- Hay especies de inofensivos gusanos que disfrazan sus cuerpos de serpientes.

En vegetales, la «flor cadáver», la más grande del mundo alcanza los 2.75 metros de altura. Sale de una planta herbácea de la selva tropical de Sumatra y solo florece tres veces en los cuarenta años que vive. La flor, que solo vive tres días, necesita que los insectos acudan a fecundarla. Ella sabe que estos son fuertemente atraídos por el hedor de los cadáveres en putrefacción y este es el aroma que emite, de ahí su nombre.

Y si hablamos de la fauna marina, la variedad de formas y mimetismos es innumerable. Como curiosidad, nuestro conocido lenguado es capaz de cambiar de color en ocho segundos.

El mimetismo también es habitual en animales y reptiles terrestres. Por ejemplo, en el conocido camaleón y en muchos animales es común que su piel esté dotada de colores y dibujos que los mimetizan en su ambiente, caso de la jirafa, el león, el tigre, el guepardo, etc.

Es increíble la sensibilidad del mimetismo a los cambios ambientales para adoptar el aspecto adecuado.

Recuerdo un verano que me enrolé por un día en un pesquero de arrastre. Se pescó una buena cantidad de pulpos, que se colocaron en cajas abiertas. Eran blancos, como el papel. El patrón comentó:

—Vamos a cambiarles el color. —Mandó sacar un cubo de agua del mar y preguntó: —¿Quién es fumador?

Yo —respondí.

—Pues pon tus manos en el cubo y refriégatelas.

Yo había oído algo acerca de que la nicotina provocaba el mimetismo en los pulpos y le dije:

—No va a funcionar. Son las nueve de la mañana y llevo desde las seis sin fumar. Tengo las manos mojadas de seleccionar peces, y hasta las yemas de los dedos arrugadas.

—Tú hazme caso —me contestó.

Tras hacerlo, arrojaron el cubo de agua sobre los pulpos, que inmediatamente adquirieron un color marrón. Una caja había quedado alejada, de manera que los pulpos que en ella había seguían siendo blancos. Entonces, puse mi mano sobre ella y, tras retirarla, al instante la pude ver retratada de color marrón, hasta el mínimo detalle de huellas dactilares sobre los pulpos. Seguidamente se fue difuminando, transmitiéndose a todos los pulpos. Los marineros que no eran fumadores tocaban los pulpos, pero estos no cambiaban de color. Para mí fue una experiencia sorprendente.

Sólo he señalado algunos ejemplos de los miles y miles que existen para demostrarme que cada especie posee una inteligencia capaz de estudiar y construir soluciones para su supervivencia y, desde luego, de acuerdo y en armonía con el conjunto de la biodiversidad para su equilibrio y supervivencia.

Para mí, pensar que las transmutaciones son por casualidad es un milagro imposible. ¿Qué probabilidades hay de que millones de especies hayan mutado por casualidad entre muchas opciones con la adecuada, para converger en esta armonía, este equilibrio general que permite la supervivencia segura de todas las especies? Incluso las nuevas especies aparecen dentro de esta armonía. ¿Por casualidad? ¡Imposible!

Sé que hay pueblos primitivos que, por desgracia, la civilización está destruyendo estúpidamente. Estos creían en los espíritus de la selva si talaban un árbol o mataban a un elefante. Por ejemplo, tenían sus ceremonias para desagraviar al espíritu de los árboles. Respecto al de los elefantes, sé que había tribus en las que los cazadores que mataban la pieza no podían participar en el festín, como desagravio al espíritu de la especie del animal muerto.

Ellos viven en total armonía y respeto con su entorno y no generan ningún tipo de basura ni desperdicio que no sea fácilmente reciclable por la naturaleza.

Un día escuché en la radio un reportaje sobre la pesca del boquerón en un pueblo de la costa mediterránea llamado

L'Escala, famoso por sus buenísimas salazones de anchoa (también llamada boquerón o *seitó)*. El reportaje estaba motivado por la escasez de este pez debido a la gran explotación pesquera. Entrevistaron a un viejo pescador que se había dedicado toda la vida a la pesca del boquerón y lo sabía todo de esta especie (costumbres, ciclos de reproducción, etc.), manifestando de forma muy segura y convencida que el boquerón criaba cuando alcanzaba los once centímetros. Y ahora, al peligrar la especie en este entorno, y para defenderse, criaba al alcanzar solo siete centímetros.

Si esto era cierto, y creo que lo era, me pregunto quién le explicó a cada boquerón que tenía que criar de más joven por el bien de la especie. Me pregunto si el hombre civilizado, al desarrollar esta mente tecnológica tan práctica, no habrá perdido la gran sabiduría infusa que tuvo en sus comienzos.

Yo, personalmente, creo de manera firme que cada especie tiene una inteligencia o espíritu o alma, como se la quiera llamar, que la rige. Será de un estado de la materia o energía que desconocemos que nosotros los humanos no podemos percibir, pero seguro que todas las especies se comunican y que la biodiversidad está conectada como un solo ser. Seguro que desde hace millones de años dominan la genética a la perfección, una ciencia en la que el ser humano se encuentra todavía en los primeros balbuceos. Las especies saben cómo mutar y acuerdan cómo hacerlo para la supervivencia de todas ellas.

Un ser inteligente de este planeta lo forma una especie viviente, sea animal, vegetal, de insectos, de microbios, de virus, etc., y el espíritu o alma que la rige. Y, desde luego, la biodiversidad es una gran inteligencia.

Hace cientos de miles de años, cuando el ser humano era lo que llamamos una especie animal, la biodiversidad ya había descubierto y dotado a su cuerpo físico, según las necesidades, de sofisticados recursos, como el radar, el sonar, los sensores eléctricos, los rayos infrarrojos, las descargas eléctricas, toda clase de reacciones químicas y venenos, el acertado diseño del cuerpo físico de los animales, para adaptarlos a su hábitat, o el perfecto diseño de las alas de las aves. El ser humano tardaría cientos de miles de años en descubrir parte de estos conocimientos.

Capítulo 3

Conclusiones

Si el propósito de Dios es formar una inteligencia, será desde luego con la biodiversidad, pues si hace cientos de miles de años ya dominaba la ciencia que ahora conocemos en parte, seguro que domina todo lo que intuimos, como la física cuántica y un montón de ciencias que no podemos ni soñar, y es capaz de comunicarse con todas las especies del cosmos donde quiera que estén, sean planetas, lunas o asteroides de todos los universos donde haya germinado la vida. Aunque sean especies microbianas, cada una de ellas tendrá un alma poderosa.

Encontramos vida en forma de organismos simples y otros más superiores inmersos en los hielos de los polos, en el mar, en la sima de las Marianas, a 10.000 metros de profundidad, hasta en las venenosas aguas de Riotinto en España. En Sudáfrica han excavado la mina más profunda del mundo (4.000 metros); a esa profundidad las rocas están a 60° C. No hay sol, ni oxígeno, ni nutrientes, pero viven microbios y otros organismos más complejos llamados «gusanos del diablo». La vida es capaz de germinar en lugares increíbles, aunque sean organismos elementales. Es posible que haya mucha vida por el universo. Incluso en el infernal Venus puede que exista algún virus o microbio.

Y cada especie, por elemental que sea, tendrá una inteligencia capaz de recrear a Dios. Desde luego, este no habrá contado con el hombre, pero se habrá asegurado el ser, haciendo que prolifere la vida en todo el orbe.

La vida en la Tierra la forman dos grandes grupos: la biodiversidad y el ser humano. Todo ser físico de la biodiversidad nace dotado de su vestido, sus defensas y sus armas y, además, de un modo de comportamiento; sabe con seguridad cómo actuar en toda ocasión. Tiene todo lo que necesita para prosperar y sobrevivir en su hábitat.

Nosotros, los seres humanos, nacemos sin nada, en pelotas y, encima, somos inseguros; no tenemos patrones claros de comportamiento. Además, somos un pegote muy destructivo, un cáncer que no para de crecer para el planeta; una plaga con cada vez más capacidad de destrucción.

Parece probado que en la biodiversidad, cuando desaparece una especie, se resienten negativamente todas las demás, y que si desaparece la especie humana, será un gran beneficio para toda la vida del planeta y para este mismo.

Me pregunto qué coño pasó con nuestra especie. Para llegar a esto, ¿qué somos en realidad? Entre millones de especies la nuestra es única.

Mis pensamientos los interrumpe la llegada del doctor, que viene a despedirse y a darme el alta. Mañana mismo puedo salir del hospital.

Ha amanecido y quiero salir a la calle. He empaquetado mis cosas y me dirijo a la salida, no sin antes dedicar una emocionada y ya nostálgica mirada al gran ventanal. Al no fumar, mi sentido del olfato se ha agudizado extraordinariamente. En mi trayecto por el pasillo me llega un fuerte aroma de café que me turba y me emociona. Acelero el paso y pronto encuentro una máquina de café. No siento ansias ni deseos de fumar, pero tengo ganas locas de una taza de café. Me detengo feliz, aspirando aquel aroma y, finalmente, decido que mi primer café lo voy a tomar tranquilamente en mi casa. Sigo por el pasillo y llego a la gran puerta de cristal. El corazón aumenta su ritmo y siento sus latidos en mis sienes. En un momento abriré aquella puerta, sentiré el calor del verano y, en mi piel, el sol y el viento. Inicio mi soñado paseo lentamente, saboreándolo, porque será cortito, menos de un kilómetro (me han recomendado que no abuse). Ha sido una delicia.

TEMA III

¿CÓMO SOMOS?

Capítulo 1

Imaginar y reflexionar

Son las ocho de la mañana. Estoy feliz. Esta noche he dormido en casa, en mi cama, y ahora estoy sentado en una mesa en mi patio, a la sombra de mis pinos y, a mis pies, mi querido perro. Estoy asombrado. Ayer estaba en el hospital y hoy siento la impresión de que de esto hace ya mucho tiempo. No puedo dejar de pensar cómo somos en realidad.

Elevo la mirada a la copas de los pinos y empiezo a imaginar lo que quizás pudo haber sucedido en algún lugar de la Tierra hace siete u ocho millones de años, o más. Un gran bosque con miles y miles de grandes árboles, la mayoría de la misma especie, frondosos y frutales formando una grande y espesa floresta a buena altura del suelo es el hábitat de una numerosa especie de monos, que viven en una feliz simbiosis con los árboles. Se alimentan de sus jugosas frutas; sus excrementos y los desechos de las frutas abonan el suelo, y la energía que le falta al sistema la absorbe del sol. Es un utópico equilibrio.

La especie de primates es feliz. Su seguridad solo estriba en no subir a las ramas más altas, para no ser presa de los depredadores voladores, no bajar al suelo poblado por un montón de depredadores y no caerse. Su vida cotidiana se basa en comer fruta, descansar e ir de monas. Ídem de ídem las monas. Si aumenta en exceso su número, escasea el alimento, comen menos y crían menos, y el sistema vuelve a estabilizarse.

La gran especialización y su estrecha dependencia con estos árboles podrían resultar fatales. Quizás fue un cambio climático lo que debilitó y acabó con el gran bosque, o un rápido cataclismo, que lo asoló con rapidez. Los primates se encontraron en el suelo debilitados por tener que alimentarse, sin ningún tipo de experiencia ni preparación en este entorno. Intentaban sobrevivir masticando cualquier cosa, pero esto no era lo peor: adaptados a una vida arborícola y prácticamente sin depredadores, ahora, su pelaje no les servía para mimetizarse, sus armas para defenderse eran inexistentes y no eran lo bastante rápidos para correr por el suelo y escapar. Eran el maná de todos los depredadores.

La única esperanza de supervivencia de la especie era el gran número de individuos, pero no resultaba suficiente; su número disminuía rápidamente y no había tiempo de adaptarlos genéticamente. Los imagino, al llegar la noche, formando grandes y apretados grupos con las hembras y sus crías en el centro; en la periferia, los machos peleando, aterrados para no quedar en primera línea, y todos, presas del pánico, sentirían llegar a los depredadores para elegir tranquilamente a uno y llevárselo para devorarlo. No había que hacer acopio ni matar más. Al día siguiente, por la mañana y por la noche, los tendrían allí a su alcance.

La especie se había salido del orden, del equilibrio y de la armonía de la biodiversidad y tenía que perecer. Una especie iba a morir, tenía que ser destruida. Al igual que en la sociedad, formada por células, la que no tiene funciones ha de ser eliminada, ya que, de lo contrario, será un cáncer destructivo para la sociedad. Pero no quiso morir. Se aferró a la vida de manera desesperada, recurriendo a una solución que, en absoluto, debió tomar. Hay especies que mueren por diversas causas, pero ninguna adopta esta solución porque saben que puede acabar con toda la vida del planeta.

El alma de la especie se fundió en sus individuos físicos y, allí instalada, les enseñaría a medida que fueran capaces de aprender a dotarse por sí mismos de lo necesario para luchar contra la que se había convertido en nuestra enemiga, la biodiversidad, y sobrevivir. Pero no podría evitar que individuos de la especie humana aplicaran sus sentimientos de soberbia y egoísmo desaforadamente, fanáticamente y sin limitación. En realidad, solo se conseguía, como es evidente, prolongar la cruel agonía de la especie, con graves efectos destructores para su entorno, la biodiversidad y el planeta .Nuestra especie es el cáncer de la biodiversidad.

Los efectos de esta solución pronto se hicieron notar. Era de noche, la luna brillaba y un felino depredador se acercó al grupo de primates a por su cena, como era habitual, pero aquel inofensivo simio había asido con sus manos una gruesa rama y le golpeó fuertemente en el hocico. El felino, para no complicarse la vida, fue a cazar a otro del grupo que no fuera tan belicoso. En otro grupo, uno de los depredadores recibió una pedrada lanzada con gran fuerza y puntería y se fue a cazar a otra parte.

Los primates comprendieron perfectamente la eficacia de sus acciones. Pronto, muchos de ellos llevaban en sus manos piedras y ramas. Esto les impedía usar las manos para correr, pero no importaba, ya que corriendo con la ayuda de las manos, tampoco eran lo bastante rápidos para huir, y con la rama o la piedra en las manos pronto tuvieron conciencia de infundir respeto a los depredadores, mucho más si iban en grupo. Jamás soltarían sus defensas, aunque tuvieran la incomodidad de andar con dos patas.

Pronto aprendieron que, aguzando el extremo de un palo, este podía penetrar en la carne, infligiendo un gran daño. También aprendieron a lanzarlo con fuerza y gran puntería. De débiles y temerosos se habían vuelto fuertes y temidos. Pronto se sintieron los reyes de la creación. Pasaron de humildes víctimas a formidables depredadores. Ya no tenían que protegerse en grandes grupos; podían desplazarse con seguridad viajando en pequeños grupos y así se expandieron en todas direcciones. Cada grupo se desarrollaría y cambiaría según las condiciones de su entorno, y en su cuerpo se potenciarían las funciones y características físicas y mentales que más utilizara.

Y así, durante el transcurso de cientos de miles de años, fueron transformándose y evolucionando, diferenciándose físicamente, los homínidos de los diferentes grupos. Muchos de estos grupos se extinguieron y otros prosperaron. Al parecer, los que más éxito tuvieron fueron los que optaron por la carne para su alimentación, porque esta opción desarrolló su cerebro, aumentando su intelecto, su capacidad de aprender. Estos afortunados fueron el neandertal y el hombre moderno. Todos los demás se extinguieron.

Nuestra especie había sobrevivido, pero ya no podía hacer nada por sus individuos; no podía transmutarnos ni adaptarnos a nada. Cada individuo se tendría que dotar por sí mismo de ropa, armas, defensas y todo lo necesario para sobrevivir en el entorno en que se encontrara, pero nos enseñaría a medida que tuviésemos capacidad de aprender. Nos ha enseñado a comunicarnos eficazmente y, a medida que la comunicación es más extensiva, el ser humano descubre y domina más logros de la ciencia, quizás porque la desintegrada alma de nuestra especie es capaz de comunicar sus pedazos y nos enseña más eficazmente. Hoy hasta nos está enseñando el gran logro de la evolución: modificarnos genéticamente.

A cambio de la capacidad de saber suministrarnos construyendo todo lo que necesitamos, hemos perdido los dones naturales que teníamos, un pelaje que nos proteja del frío y del calor; una fuerte y resistente osamenta; fuertes mandíbulas; agilidad de movimientos; nuestros pies tienen dedos incapaces de asir cualquier cosa; somos los únicos que nos movemos precariamente sobre dos patas. Hemos sufrido físicamente una involución. Nos creemos los más guapos de todos los seres vivos; claro, que los patrones estéticos los parimos nosotros mismos. Pero si basamos la belleza en patrones de funcionabilidad, somos los más feos.

La fusión de nuestro instinto animal con nuestra inteligencia de especie nos proporcionó una gran capacidad de razonar, necesaria para inventar, diseñar y construir todo lo que necesitamos.

Somos la única especie que es religiosa, la única que busca a Dios. Yo creía que el sentido religioso era solo para dar sentido a la vida, pero hay mucho más. Todas las religiones nos prometen que nos darán lo que necesitamos y no tenemos; nos lo prometen siempre en el más allá, pero también, y con mucho empeño, tratan de inculcarnos cómo debemos actuar en cada situación de la vida. Esto se vende muy bien al ser humano que tiene una personalidad absolutamente insegura y frágil, motivada por su capacidad de razonar. En cada suceso encuentra muchas maneras de actuar. Lo más fácil y cómodo es escuchar a alguien que lo aconseje, dado que esto lo hace manejable e imprevisible. Esto me explica cómo es posible que una masa formada por un montón de cerebros inteligentes se comporte como un solo individuo absolutamente estúpido y orientable por unos pocos cerebros bien organizados que consiguen que voten y acepten soluciones realmente disparatadas, ilógicas y perjudiciales para la sociedad, pero siempre a beneficio de estos pocos.

Es curioso que lo que todas las religiones nos prometen es exactamente lo que todos los seres de la biodiversidad ya tienen al nacer. Ellos ya tienen a su dios; no necesitan buscarlo, no necesitan ninguna religión. Hasta puede que su alma de especie sea capaz de reencarnarlos.

Entiendo el porqué de los animales domésticos, mascotas y animales de granja. Durante milenios el ser humano los ha retenido consigo, suministrándoles todo lo que precisan, y les ha enseñado cómo comportarse, borrando de su mente sus instintos básicos. Creo que les hemos engañado. Ellos nos toman por su alma de especie, por su dios y nos obedecen. Me pregunto cómo el ser humano puede creer, ni siquiera escuchar, estas patrañas de la religión y pretendo explicármelo.

Igual que un feto de un organismo superior (por ejemplo, un mamífero), en el transcurso de la gestación parece que va recordando, desde una célula, todos los estadios de la evolución hasta el último, en que nace, ¿es posible que en algún rincón profundo de la inteligencia de las especies haya un recuerdo de cómo empezó el universo? La Iglesia católica nos habla del Padre, del Hijo, del Espíritu Santo, del edén y del pecado original. Quizás nuestro ego profundo nos diga: el Padre es la nada, es Dios; el hijo es el universo; el Espíritu Santo es la soberbia; el edén, aquel desaparecido bosque donde fuimos tan felices; el pecado original, el recurso que utilizó nuestra especie para sobrevivir. Y desde entonces nadie nos da nada; hay que ganarse el pan con el sudor de la frente. Realmente, para que se puedan creer estas historias es porque tienen algunas remotas coincidencias con algo que llevamos dentro.

Al hombre, las mujeres con un buen culo y unas buenas tetas le excitan sexualmente. Vaya, que le ponen. Se ha descubierto que las nalgas femeninas son reservas de nutrientes para alimentar al feto, en caso de que la madre pase hambre durante la gestación. Algo parecido a la joroba de los camellos.

El hombre primitivo, cuando era preciso procrear para que no se extinguiera la especie, lo sabía y así seleccionaba a la hembra y, claro, con buenas tetas para asegurar su alimentación, una vez nacido.

En las preferencias de la mujer están los hombres fornidos, ágiles y atléticos, capaces de cazar, alimentar y defender a su prole

Los seres humanos modernos siguen los mismos criterios y no saben por qué. Evidentemente, en algún rincón guardan una ancestral herencia.

Capítulo 2

Observaciones en el entorno real

Realmente, lo más sorprendente para mí es que en esta sociedad humana, que busca desesperadamente desarrollarse tecnológicamente, existan sectores que renuncien y rechacen esta mentalidad. Me refiero a quienes los civilizados califican de pueblos primitivos. A diferencia de los primeros, estos han sabido prescindir de la soberbia y del egoísmo en su relación con la biodiversidad y su entorno.

Se ha probado que si un recién nacido de estas tribus se inserta en nuestra civilizada sociedad, estará capacitado para obtener licenciaturas universitarias; sin embargo, estos pueblos perdidos en la selva han sobrevivido miles y miles de años sin desarrollar ni sus armas, ni sus utensilios; tienen un gran respeto por la vida en su hábitat; invocan a los espíritus de la selva, quizás, muy conscientes de lo que es nuestra especie y que esta no puede aportar nada a la biodiversidad, pero necesita de ella. Por eso, hayan acordado coger solo lo imprescindible para sobrevivir, su demografía permanece estable y aceptan que su esperanza de vida sea más corta. Todo a cambio de que su especie pueda sobrevivir con la biodiversidad hasta el fin de los tiempos y esto ha sido así hasta que los civilizados han puesto sus pezuñas en su hábitat. ¿Qué sabrán ellos, que desconocemos nosotros, para comportarse así?

Una muestra de estos pueblos se halla en la isla Sentinel del Norte, poblada por una tribu desde hace 65.000 años, que rechaza con fiereza todo contacto externo. En sus relatos, Marco Polo ya hace referencia a esta isla. Escribe que al que osa poner el pie en ella lo matan y se lo comen.

Actualmente, está protegida con tres millas de espacio alrededor de la isla. Tantos años de aislamiento los hacen letalmente vulnerables a nuestras enfermedades; incluso las más leves, que seguro desconocen. Ellos han visto helicópteros, aviones, modernos cruceros, pero no sienten siquiera curiosidad. Si consiguen seguir viviendo aislados, seguro que sobrevivirán otros 65.000 años y quizá nuestra desarrollada civilización no lo consiga.

Recuerdo dos reportajes que vi, distanciados un año en el tiempo, aproximadamente. En el primero descubren una tribu inédita, totalmente desconocida en las selvas del Amazonas. Allí estaban seguramente desde hacía miles y miles de años. Según el reportaje, sus armas y útiles eran primitivas: arcos, lanzas, piedras con filo y vasijas de barro. Su vida social era la siguiente: para sobrevivir solo necesitan trabajar cuatro horas por la mañana. Por las tardes, las mujeres y los niños se reúnen en una cabaña con sus cosas y los hombres en otra, donde comentan acontecimientos y toman una especie de alcohol que les pone contentos y cantan rezando a su selva. Los ancianos y los niños son propiedad de la tribu y entre todos los cuidan y protegen.

Segundo reportaje. La misma tribu un año después. De buena fe y por su bien, para que vivan mejor, una organización los lleva a la civilización, les da confortables casas, hace que usen vestidos y zapatos, les provee de comida y les explica y pone a su alcance todos los avances de nuestra civilización.

¡Oh, sorpresa! La tribu cae en una profunda depresión. Dejan de procrear. A las palabras de ánimo sonríen tristemente; no tienen interés por nada. Tampoco les apetece comer; parece que ni siquiera vivir y, profundamente estresados, se van debilitando. Quizá los más jóvenes lo superen. Quizá, y esto lo pienso yo, lo que en realidad cree la tribu es que han perdido la seguridad de sobrevivir solo con sus medios y conocimientos, para hacerlo gracias a un montón de trastos, instrumentos y comida que les han de suministrar otros. Intuyen y no soportan el miedo a la precariedad que esto provoca y al que el humano civilizado está acostumbrado.

Un individuo de la tribu —lo que llamamos un salvaje— sale de su choza para viajar a cualquier parte y puede iniciar el viaje en pelotas. Por el camino se sabrá fabricar un cuchillo sacando filo a una piedra. También una lanza aguzando el extremo de un palo; un arco y sus flechas; obtendrá sus medicinas de las plantas; comerá frutas y raíces; cazará y, si se le rompe algo, se hará otro. Su sentido de la seguridad es óptimo y el individuo es feliz. Para él, la felicidad y la libertad es la autosuficiencia.

Verdaderamente, no es más rico el que más tiene, sino el que menos necesita. Ellos son superricos.

Un individuo moderno —lo que llamamos civilizado— sale de su casa a viajar a cualquier parte. Sale vestido con repuestos y varios en sus maletas. Que no se olvide la documentación, el móvil, el ordenador, el reloj, sus pastillas para dormir o medicamento habitual, el neceser, cargadores de baterías y, si va a utilizar el coche, que no se olvide de revisarlo a fondo. Y siempre sales con la sensación de que te dejas algo y, además, que no se rompa nada, porque si algo falla es un desastre. Todo es difícil de reponer. Hasta le puede suponer un gran martirio atender en un momento determinado sus necesidades más naturales y básicas: orinar y defecar. Su inseguridad es notoria. No nos damos cuenta, porque estamos acostumbrados, pero vivimos esclavos de una tecnología cada vez más sofisticada, que nunca acabamos de entender. No somos autosuficientes. Como dijo Einstein: «El día que la tecnología rebase a la humanidad habrá una generación de idiotas». Pues ya somos idiotas.

Como es sabido, los homínidos que más éxito tuvieron fuero el neandertal y el hombre moderno. Creo que de este último hay varios grupos iguales físicamente, pero muy desiguales en su mentalidad. Yo les hago una clasificación:

- El *Homo sapiens,* que ha decidido integrarse con la naturaleza y respetarla, para sobrevivir con ella hasta el final de los tiempos.
- El homo moderno inteligente, que no renuncia a su desarrollo tecnológico; pretende respetar la naturaleza, pero antepone los logros de su tecnología; crea y mantiene sus valores éticos, que forman la sociedad.
- El homo moderno listo, al que le importan un pimiento todos los valores éticos y la naturaleza, y por su beneficio no le importa la destrucción de la sociedad, ni de la biodiversidad ni el equilibrio climático de la Tierra. Es un parásito insaciable, la bestia.

Estas tres mentalidades definen y explican lo que pasa en el mundo.

El neandertal, con más capacidad craneal que el hombre moderno, optó por no industrializarse y respetar la naturaleza; no mejoró sus armas ni sus herramientas. El hombre moderno lo extinguió. Acabó con ellos igual que hace hoy día con los pueblos primitivos que encuentra para quitarles su hábitat, su selva, donde han habitado durante milenios.

El homo inteligente ha logrado vencer muchas pestes y enfermedades que diezmaban la población humana y nos ha alargado la esperanza de vida, como demuestran estas cifras de número de habitantes en la Tierra según las épocas:

- En el Paleolítico Inferior: 150.000
- En el Paleolítico Medio: 1.000.000
- Hace 10.000 años: 5.000.000
- En el año primero de nuestra era: 300.000.000
- En el año 1850:   1.000.000.000
- En el año 1930:   2.000.000.000
- En el año 1960:   4.000.000.000
- En el año 2014:   7.000.000.000

Se trata de una clara explosión demográfica de la que no es culpable el homo moderno inteligente, que es capaz de organizarse y regular la natalidad. El culpable es el homo listo, auténtico parásito y depredador de la especie humana, que ha sumido en la miseria a gran parte de la humanidad y para subsistir hacen lo que sea, aunque se destruya la naturaleza de su entorno y tienen tantos hijos como pueden. Piensan que cuanto más grande sea la familia, más oportunidad tendrán para seguir adelante.

Por la facilidad que tiene la especie humana en incrementar su demografía, hoy casi merecemos el calificativo de «plaga». Me hace pensar si como especie animal tenemos mecanismos para regular nuestro crecimiento demográfico.

Nunca he comprendido cómo se puede convencer a todos los individuos de una nación para que se armen y vayan a matar a los individuos de otra nación, que ni siquiera odian, incluso con el evidente riesgo de morir, a no ser que esta opción de la guerra la tengamos impresa en nuestros genes como mecanismo regulador de nuestra demografía.

Aunque a la guerra actualmente se la teme demasiado, el progreso tecnológico se ha traducido en tan alto poder destructivo que acabaría con la biodiversidad, dificultando enormemente que después pudiéramos sobrevivir. Pero los poderosos del mundo lo tienen muy bien montado, aprovechando la estupidez humana para organizar guerras por todo el planeta, con armas de destrucción limitada de las que obtienen grandes beneficios.

Quizás la especie humana no sea la única en utilizar la guerra para estabilizar su demografía. Paseando por el campo, pude observar en un espacio de 4 metros cuadrados una auténtica batalla entre hormigas: unas muy grandes, con un gran cabezón marrón, y sus enemigas, todas negras, más pequeñas y más numerosas. Las hormigas grandes tenían a varias de sus enemigas prendidas de sus patas y antenas, que pretendían arrancar. Las grandes, con sus pinzas, cogían a sus enemigas por la cintura y las partían en dos. Otras hormigas más pequeñas recogían los pedazos y se los llevaban a su nido. Era una batalla feroz.

También supe de otra manera de estabilizar la demografía que utiliza una especie de roedores. Cuando su número aumenta demasiado, les invade un estrés insoportable y todos a una inician una alocada y frenética carrera hacia un río y se suicidan de manera masiva. Algunos sobreviven, claro. Parece ser que el célebre cuento *El flautista de Hamelín* se inspiró en este hecho.

Capítulo 3

Nuestra sociedad

A través de los tiempos la estructura básica de la sociedad humana ha cambiado. Nuestra sociedad, en principio, estaba formada por:
- El sector productivo (el que crea la riqueza).
- El sector de servicios (la sanidad, la docencia, la cultura y la justicia).
- Una administración para gestionar de forma sabia y honrada la riqueza producida.

Al conjunto de estos tres sectores yo lo denomino «pueblo» o sociedad.

Nuestra estupidez humana ha permitido que se forme un poderoso sector financiero que no produce ningún tipo de riqueza, ni tiene razón de existir, pero ha sabido incorporar en sus filas la política, la justicia y la religión, y solo se dedica de mil maneras a absorber y mangonear la riqueza producida por el «pueblo», de tal manera que este ha quedado secuestrado y reducido a un factor económico al que denominan «la clase trabajadora» y «la clase media trabajadora», que manejan como les da la gana.

Esta oligarquía globalizada de financieros ha creado a través de los tiempos «la ciencia de la economía», realizada por científicos, desde luego, pero bajo la financiación y la batuta de estos poderosos.

Los preceptos de esta ciencia se han convertido en leyes que han conseguido globalizar. Estas justifican arrasar bosques y selvas solo porque es rentable, y porque es rentable se pueden explotar hasta la extinción especies de la biodiversidad, ya sean animales terrestres o acuáticos. Con sus poderosos medios de propaganda nos han mentalizado para que lo entendamos como lógico y natural, y que no nos escandalicemos cuando pueblos enteros a los que se les ha robado todo, sus gentes, incluidos los niños, mueren de hambre y miseria, porque de manera solapada han creado el concepto «humanidad sobrante», que es aquella exhausta de la que no pueden sacar beneficio y hay que dejarla sucumbir. Y que también entendamos como lógico, incluso vital, la coexistencia de ricos muy ricos con pobres muy pobres.

Con sus poderosos medios han conseguido implantar en la sociedad la mentalidad de rebaño y que como borregos nos comportemos. Como lavado de cerebro, en los campos del arte, la literatura, la música, el deporte, etc. nos imponen lo que nos ha de gustar y nos convencen de que nos gusta, por muy estúpido, grotesco, hortera y esotérico que sea, y utilizando a los *influencers* como cabezas de rebaño seguimos todos.

Un ejemplo de ello es el fútbol, que cumple con aquello que siempre funciona: pan y circo. Si hay poco pan, se pone más circo. Oír a gente discutir acaloradamente sobre fútbol me hace perder la fe en el género humano.

Otro ejemplo de la eficacia de sus medios de mentalización es la moda. Hace años un famoso y genial artista, Cantinflas, vestía para sus parodias cómicas con un estilo antiestético; quería estar extremadamente ridículo. Hoy por el poder de la propaganda sería el árbitro de la elegancia.

Conseguir que los jóvenes vistan en contra de su genético sentido estético les hace perder su propia estima y los hace manejables.

Estos grupos financieros están comunicados constantemente y cuando se reúnen es para estudiar cómo protegerse y aumentar su poder. Pero entre ellos hay una feroz competencia que les hace destructivos y despiadados, y actúan sin ninguna consideración para mantenerse fuertes, caiga quien caiga, se destruya lo que se destruya, sin ningún sentimiento ético y de sentido común. Saben que si flaquean, serán fagocitados por los demás.

Nuestra estupidez ha permitido que este sector financiero globalizado, que representa el 20 % de la población, posea y mangonee el 80 % de la riqueza total. Convertidos ya en inmundas bestias, crean el mercado de la droga, alucinógenos baratos, fáciles de producir, pero que se venden muy caros, porque tuvieron la hipocresía de prohibirlos. La droga permite a miles y miles de desesperados jóvenes huir de la vida sin suicidarse; en realidad, drogarse es un lento y cruel suicidio. Para comprarla roban, matan y trafican, ampliando el nefasto mercado; la droga acumula grandes fortunas en pocos bolsillos. A los políticos, legisladores y todo tipo de gente poderosa con gestión pública parece que no les interesa acabar con esto, porque de alguna manera ellos mojan su pan en esta mierda.

Solo en 114 años la humanidad ha pasado de 1.000 millones a 7.000 millones de habitantes. Esta explosión demográfica nos ha convertido para el planeta en una plaga voraz, insaciable y hambrienta. La fuerte demanda de alimentos ha provocado un fuerte incremento de la producción que los poderosos financieros concentran en grandes industrias agrícolas y ganaderas, explotando lugares y acuíferos de gran importancia ecológica y con la mentalidad de la minería. En cuanto se agotan los recursos y se destruye todo, se van a otra parte. Estas grandes concentraciones son nefastas para el medio ambiente, pero muy rentables.

Hasta pequeños productores lo sacrifican todo fanáticamente en aras de la productividad, utilizando nitratos y pesticidas a gran escala, aunque sea a costa de matar la tierra. Después, tarde o temprano, estos pesticidas se filtran y llegan al mar con graves consecuencias. Yo he vivido algunos casos de destrucción del ambiente que me han producido mucha tristeza.

En Esparreguera siempre se han cultivado olivos. Durante la primavera y el verano se podía oír en ellos la estridencia de grillos, chicharras y otros, se oía vida; había también una gran cantidad de grajos, que anidaban en las paredes verticales de las rieras. Dicen que comían aceitunas; se llevaban una en el pico y otra en cada pata. Y a pesar de estos pájaros, la cosecha de aceitunas siempre fue buena. A algunos se les ocurrió mejorarlas y empezaron a fumigar los olivos. En poco tiempo, los grajos desaparecieron. Las noches de primavera y verano están en absoluto silencio. Han pasado años. Muchos olivares han sido abandonados y las noches siguen silenciosas, porque la tierra seguirá envenenada. Tampoco hay grajos.

En el delta del Ebro, sobre los años 80, fui a mariscar a una extensa zona de arenales donde el agua llegaba a media pantorrilla. Había gran cantidad de almejas, navajas, berberechos, cangrejos y gran variedad de peces planos, como los lenguados. Dos años más tarde fui a mariscar a este mismo lugar. La arena había sido sustituida por un lodo negro putrefacto, con un intenso olor a peces podridos, y todo lleno de conchas vacías. Toda la vida estaba muerta y putrefacta. Un hombre del lugar me explicó que un pequeño pez se comía el arroz y usaron un nuevo pesticida que lo mató; en su voz se notaba rabia al hablar del pez y orgullo cuando contaba haberlo matado. El muy imbécil dejó muy claro su feroz egoísmo y que le importaba un pimiento envenenar el mar. Por unos kilos de arroz era capaz de todo y se sentía impune para todo. Luego me enteré de que tenían un gran problema con el cangrejo americano, resistente a todo lo que le echaban. Pienso que quizás el pececillo se hubiera comido las larvas del cangrejo y así no habrían tenido ese problema. Pues bien… ¡Que se jodan! Pero la realidad es que nos jodemos todos.

También destruye la competencia. En L'Ametlla de Mar, un pueblo de pescadores, todos los bares y restaurantes servían grandes cantidades de pescaditos fritos. Eran alevines de salmonetes. En el puerto pude comprobar que los barcos de arrastre habían adoptado redes muy tupidas y los desembarcaban en grandes cantidades.

—Es una pena —le comenté a un pescador—. Estos salmonetes pronto serán grandes y su pesca será muy productiva.

—Sí que es una pena —me respondió—, pero si no los pesco yo, otros los pescarán.

Y así a todos los niveles. Creo que las conclusiones son evidentes y nefastas.

Esto es solo una nimiedad si lo comparamos con lo que está ocurriendo con las grandes selvas, insustituibles pulmones de la

Tierra. La humanidad como plaga está devorando el planeta. Pero lo desesperante es que se prospera en tecnología y ciencia, y no en sentido común, ética, decencia y todos los valores que hacen al ser humano una especie social.

A los jóvenes, semilla de la futura humanidad, se les ha negado en un gran porcentaje los medios para sobrevivir. Lo hacen como pueden, dependiendo de otros; no tienen ninguna posibilidad de formar familias estables, que son la base de una sociedad próspera. Cuando se percatan de que no tienen futuro, mueren sus ilusiones, su mente odia a la sociedad que les ha excluido y no les importa que reviente el mundo. La pérdida de la ética social se traduce en maltrato infantil, violencia de género, delincuencia y suicidios.

A la biodiversidad, necesaria e imprescindible para nuestra vida, la estamos destruyendo, al igual que el equilibrio climático, y en progresión geométrica. Lo terrible y desesperante es que lo sabemos y no podemos hacer nada. No podemos parar de construir y destruir, generando ingentes cantidades de basura; mares enteros han desaparecido bajo capas de basura flotante. Es imposible parar.

En principio, la biodiversidad iba a acabar con nosotros, y parece que en nuestra mentalidad individual exista el rencor de acabar con ella.

Cuando era niño, me explicaban que los animales salvajes eran fieras, alimañas que nos querían hacer daño. Leía tebeos donde un intrépido cazador era un héroe en África, matando a leones, elefantes, rinocerontes, búfalos, etc. porque eran muy malos. Recuerdo que un noticiero español filmado (NODO) emitió un reportaje de la caza de gorilas, en el que se veía a un gran macho subido en lo alto de un árbol, golpeándose el pecho; abajo, un cazador lo apuntaba con un moderno rifle y disparaba, matándolo. Se oía la voz del locutor en tono solemne: «Y el hombre con el corazón sereno y el pulso firme abate a la fiera». Esta es la mentalidad estúpida que había en el no muy lejano año 1955. Todos los animales y plantas, o eran comestibles, o tenían alguna utilidad práctica, o no valían para nada, sobraban y había que eliminarlos.

Por ejemplo, en Esparreguera, hablo de hace sesenta años, tenían el Pont dels Gossos, un altísimo puente sobre la riera. Cuando me asomé, quedé horrorizado y tuve pesadillas. Estaba lleno de perros muertos que habían sido arrojados desde el puente por sus dueños, cazadores en su mayoría, porque ya no les servían. ¿Y qué iban a hacer con ellos? Supongo que algunos morirían en el acto y otros tras una larga y dolorosa agonía. En otros lugares la moda era ahorcarlos.

Por aquel entonces a nadie le escandalizaba, pero afortunadamente hoy ya se contemplan penas de prisión para estos bestias. Ha sido recientemente que se ha empezado a concienciar del respeto hacia los animales y la biodiversidad. Ayudaron a esto grandes y geniales personajes como Félix Rodríguez de la Fuente, que eliminó de España el concepto de «alimaña».

Es evidente el cambio de mentalidad de algunos personajes conocidos, como fue el caso de Jacques-Yves Cousteau, entre otros. En la película *Sexto continente,* dirigida por Falco Quilici y estrenada en España en 1954, valiéndose de la escafandra autónoma, entonces una novedad, nos muestran sofisticados y potentes fusiles submarinos, con los que cazan fácilmente gracias al poder que les proporcionan los nuevos equipos de buceo, masacrando muchos peces, incluso una gran e inofensiva manta raya a la que cosieron a arponazos, para demostrar la superioridad del hombre sobre los animales del mundo acuático. Una auténtica y nefasta chulería humana.

También el gran Cousteau con grandes medios filmó *El mundo del silencio,* con la que en 1956 obtuvo la Palma de Oro en el Festival de Cannes y un Oscar en 1957 por el mejor largometraje documental. No importó que en el film pescaran con dinamita o que con su barco, el Calipso, pasaran adrede a un joven cachalote por las hélices, destrozándolo, aunque tuvieron el detalle piadoso de rematarlo, disparándole en la cabeza con un fusil de grueso calibre, para filmar cómo lo devoraban los tiburones y, finalmente, se divertían izando a bordo con ganchos a los tiburones y destrozándolos salvajemente a hachazos y machetazos, alegando el ancestral odio que sienten los marinos por estos depredadores que los pueden devorar. Tampoco importó que torturasen pacíficas tortugas usándolas como vehículos.

Ni el público ni la gente ni nadie protestó por estas salvajadas, porque sintonizaban con la mentalidad de la gente por aquel entonces. Hoy, y es motivo de alegría, estas películas levantarían airadas críticas en muchos sectores de nuestra sociedad.

Afortunadamente, la mentalidad ha cambiado. Parece ser que una parte de la humanidad quiere hacer las paces con la biodiversidad.

Los autores de estas películas se avergonzaron de sus acciones y sabemos de alguno de ellos, como Cousteau, se convirtió en defensor y amante de todas las especies marinas, incluso de los tiburones, realizando espléndidos reportajes para que se conozcan, amen y respeten.

Parece que esta mentalidad de respeto ha germinado en un porcentaje pequeño de humanos; sin embargo, va creciendo muy despacio, mientras que la destrucción acelera a ritmos increíbles. Y el cáncer de la biodiversidad sigue incurable, porque estos humanos que se han hecho poderosos, grandes depredadores de la vida y de la tierra, siguen pensando: «Después de mí, el diluvio».

En realidad, la especie humana, al no ser destruida en el momento en que se quedó al margen y sin funciones en el marco del equilibrio y la armonía de la biodiversidad, se convirtió en un cáncer que está corroyendo el planeta y la vida. Es una especie monstruosa que transforma los recursos del planeta en basura y papel moneda, y este, a su vez, proporciona a estos depredadores más poder para destruir.

Además, el primer mundo, este que llaman el más civilizado, ha desarrollado y fabricado en grandes cantidades sofisticado armamento atómico de destrucción masiva, paradójicamente para defenderse de sí mismo y sabemos que en cualquier momento y por cualquier motivo pueden ser utilizadas, dejando al civilizado primer mundo destruido y desarmado de su protección tecnológica, convirtiéndose en pasto de fanáticas culturas que, por egoísmo y desidia, las hemos dejado sumergir en la miseria y en el fanatismo religioso.

La inteligente biodiversidad ha superado grandes catástrofes. En ocasiones, ha estado al borde de la extinción: cuando impactó el meteorito que acabó con los dinosaurios, la gran glaciación y otras más. Siempre ha habido un antes y un después regenerado. Pienso que hasta puede que decida luchar contra la especie humana para sobrevivir y, por ejemplo, algunas especies de virus transmuten en otras fuertemente letales para los humanos. Pero quizás este trabajo ya lo esté realizando la especie humana, ya que al parecer, existen un montón de discretos y sofisticados laboratorios con científicos dedicados y obsesos con este propósito. O sea, la guerra biológica, con el fin de cargarse seres humanos masivamente. Cualquier día, un error o un estúpido descuido, y nuestra especie será una catástrofe más de las que ha sufrido la biodiversidad con un antes y un después, donde se regenerarían el planeta y la vida.

Los sentimientos de soberbia y egoísmo que motivaron la creación de todo, en nuestra especie incontrolados, acabarán con nosotros. Quizás alguna tribu de humanos perdida, que haya sabido convivir humildemente con la naturaleza, habrá sobrevivido y pueda volver escuchar en las noches de primavera y verano la estridencia de grillos, chicharras y otros, los sonidos de la vida, y nuestra especie tenga otra oportunidad, si hemos sido capaces de aprender.

De la mano de mis razonamientos he llegado a conclusiones sobre lo que soy y para qué, que no me gustan nada. Ojala mis sueños sean sueños, y mis pensamientos también sueños y que esté equivocado en todo, y que todo sea de otra manera más bonita, amable y feliz.

TEMA IV

¿POR QUÉ SOMOS ASÍ?

Capítulo 1

Año 2022

Año 2022. Ya se han alcanzado los 8.000 millones de habitantes. Estoy triste y preocupado. Mis peores augurios se están cumpliendo. En enero de 2020, en la ciudad china de Wuhan, aparece —nadie sabe cómo ni de dónde— un extraño y letal virus, una sofisticada y eficaz máquina de matar humanos. Los que se contagian son durante bastantes días asintomáticos, pero sí pueden contagiar en su entorno. Luego se manifiesta la enfermedad en su letal y horrible apogeo.

La gran ciudad de Wuhan se cierra a cal y canto y a sus habitantes se les obliga a confinarse en sus domicilios. Fue impresionante contemplar una gran ciudad moderna con sus locales comerciales cerrados y sus calles desiertas. Era un espectáculo increíble y dantesco.

Quedé perplejo ante el poco impacto y la indiferencia con que se lo tomó el resto del mundo. Al parecer, no había de qué preocuparse, ya que esto solo ocurría en China.

Pronto se despertó el miedo. La Organización Mundial de la Salud (OMS) declara la pandemia, lo que quería decir que el virus se extendería por todos los países del mundo. Todas las ciudades quedaron como Wuhan, con sus calles desiertas. Todo parecía realmente de ciencia ficción y una horrible pesadilla.

En este 2022 no se ha erradicado, pero con una intensa investigación en vacunas se ha conseguido normalizar la vida cotidiana; sin embargo, todos sentimos que el virus está agazapado, estudiando su próxima mutación y nadie duda de que puedan surgir otros virus más letales que provoquen pandemias.

Este y otros sucesos terribles y cercanos me deprimen y me inducen a leer mis escritos de hace diez años, en los que intentaba analizar cómo somos los humanos. Ahora me preocupa pensar por qué somos así. Desde luego que investigando en nuestra historia resulta evidente que no hemos cambiado en nada nuestra mentalidad y maneras. Sólo se modifica el modo de proceder de acuerdo a las vigentes tecnologías.

Para demostrármelo, investigo algunos datos espaciados en el tiempo:

Año 1250 a. C. Josué, sucesor de Moisés, conquista Jericó, una ciudad fundada 10.000 años a. C., y degüella a todos sus habitantes, mujeres y niños incluidos, porque Yahveh, dios de Israel, se lo ha mandado. A esta le siguen las ciudades de Maquedá, Libná, Eglón, Hebrón y Debir, con los mismos procedimientos por mandato del dios de Israel. Es evidente que Josué se justifica con la mentira y la hipocresía. En realidad, lo que quiere el pueblo judío es instalarse en Canaán, eliminando sin piedad la competencia.

Año 500 a. C. La ciudad de Troya, fundada 3.000 años a. C., es arrasada por los griegos, y todos los troyanos, sin distinción de edad ni de sexo, son degollados sin piedad. Y esta vez el motivo, al parecer, es por una cuestión de faldas y cuernos.

Año 1099 de nuestra era. Los cruzados cristianos, en nombre de su bondadoso dios, y arengados por sus representantes en la Tierra, toman Jerusalén y degüellan sin distinción a todos sus habitantes. Los anales hablan de charcos de sangre donde flotan los cadáveres y ríos de sangre que llegan a los tobillos.

Año 1914. La Primera Guerra Mundial, con las mismas acciones que las anteriores.

Año 1940. De la Segunda Guerra Mundial no voy a comentar nada que no sepamos todos. En esta ocasión, la humanidad se superó, empleando nuevas armas atómicas de destrucción masiva.

Estos son algunos ejemplos de los muchísimos que, por desgracia, hay espaciados en el tiempo, solo para demostrarme que siempre seremos los mismos. No hemos cambiado en nada. Además, el ser humano tiene un poderoso gen de instinto para dominar a sus semejantes. Si un grupo de humanos se considera más poderoso que otros grupos, buscará establecer diferencias para autoproclamarse superior y esclavizar a los demás. Siempre ha sido así.

Año 2000. Siguen las masacres Chechenia, Siria, Irak, Yemen, etc.

Año 2022. Y ahora Ucrania. Me da vergüenza confesar que por su proximidad me siento más afectado.

Rusia, una poderosa nación. Su líder, un sátrapa que ha sabido rodearse de una oligarquía dejándola robar y enriquecerse sin límite, consiguiendo con su apoyo un poder absoluto y, en su puño, el acojonado pueblo ruso, que ni pincha ni corta. Ha invadido un país vecino y europeo, Ucrania. En estos momentos las noticias informan que sus ciudades están siendo arrasadas, sin distinción de hospitales, escuelas, centros comerciales, refugios y concentraciones de personal civil que trata de huir; los soldados rusos matan y violan a mujeres, niñas, niños, incluso a bebés, y el mundo lo contempla impotente y horrorizado. Además, Ucrania y Rusia son una gran parte del granero del planeta y este sátrapa amenaza, y puede hacerlo, con desatar una hambruna mundial.

Si hacemos memoria, en 1650 empezó una pequeña edad de hielo que ha durado varios siglos.

En 1779 hubo una gran helada que duró varios años. En ese año el río Ebro, en España, estuvo helado durante tres semanas; las cosechas durante años se perdieron y hubo gran hambruna. En 1789 empezó la Revolución Francesa. En 1850 se inició otro ciclo helado de muchos años y produjo hambruna. En 1917 comenzó la Revolución Rusa.

¿Qué acontecimientos puede provocar la hambruna universal que se avecina? Da miedo pensarlo.

La sede del Parlamento Europeo en Bruselas huele a mierda. Los parlamentarios, en su mayoría cobardes mediocres e hipócritas mercachifles, tienen los pantalones cagados por el terror que les inspira el sátrapa ruso. Pero, eso sí, en su mano, y bien agarrada la billetera, acuerdan hipócritas ayudas a Ucrania, procurando que no cabreen demasiado al sátrapa. (Perdón. La indignación, el cabreo y la impotencia que siento me hacen ser grosero). Y tienen un poderoso motivo: por comodidad e intereses no han diversificado los orígenes de sus suministros de energía y dependen en gran medida de Rusia. El maldito sátrapa les augura la vuelta a la edad de piedra si cierra los grifos.

Mi pregunta es: ¿por qué somos así? ¿Qué fuerza o poderoso sentimiento impulsa a la humanidad a actuar de esta manera? Para explicármelo, voy a razonarlo de forma imaginativa desde el principio y a mi manera.

Capítulo 2

La evidencia razonada

En los albores de nuestro tiempo, un grupo de homínidos camina buscando un lugar donde asentarse. El miedo a los depredadores les ha unido. En sus manos, fuertemente asidas, largas y punzantes lanzas que su inteligencia infusa les ha permitido construir y, con ellas, asegurar su supervivencia.

De madrugada, con las primeras luces del día, llegan a una meseta de clima amable y a pocos metros del nivel del cercano mar, del que les separa una ancha playa de arena blanca y limpia. Más alejado del mar, en el límite de la meseta y como inicio de la suave ladera de un monte, una alta y vertical pared de roca con numerosas cuevas excavadas por las olas del mar, con el que un lejano día limitaba y era acantilado.

Es un hermoso amanecer. El aire, limpio y trasparente, permite contemplar con nitidez el lejano horizonte. Cerca de la meseta desemboca en el mar un río de aguas limpias, cantarinas y transparentes. Del mar surgen, de vez en cuando y de forma instantánea, peces que saltan sobre el agua. La meseta está cubierta de árboles, arbustos y plantas con hermosas flores, que luego serán frutos, perladas por las cristalinas gotas de rocío de la mañana.

El grupo sabe que ha llegado a su destino y está feliz. Tienen caza, peces, raíces, frutos y confortables y seguras cuevas para instalarse. Un venturoso día, la naturaleza les obsequia con un gran regalo: un rayo impacta en un cañizal seco y lo incendia. Todos se acercan por curiosidad. Uno toca el fuego y grita de dolor; otro coge una caña que arde por un extremo y la acerca a los demás, que retroceden asustados. Enseguida se da cuenta de su poder: ningún depredador se le acercaría teniendo aquella ascua en sus manos. Todos cogen cañas ardiendo y las trasladan a una cueva. Allí lo alimentarían y vigilarían para que no se apagase.

Por la noche, en la entrada de cada cueva, hay una hoguera que les protege de forma eficaz de los depredadores durante el sueño. Ya no les temen, no tienen miedo a nada. Son felices.

★★★★★

Pero una noche, unos ojos codiciosos los observan. Es otro grupo de homínidos que buscan un lugar para asentarse y aquel lugar les parece el paraíso; solo tienen que eliminar a quienes lo poseen y quitárselo. Es noche cerrada, así que deciden atacar. La lucha es feroz a la luz de las hogueras. Los contendientes están muy motivados: unos por defender lo que tienen y aman, y otros porque desesperadamente necesitan arrebatárselo.

Con la luz del amanecer observan horrorizados las consecuencias de la contienda. Quedan pocos supervivientes de cada grupo. Interrumpen la lucha para llorar y enterrar a sus muertos. Ninguno de los dos es lo suficiente numeroso para prosperar con éxito en el asentamiento, así que deciden unirse.

Vuelve el miedo. Un terrible miedo, no a los depredadores, sino a otros grupos de su especie que quieran arrebatarles su tierra. Su obsesión es armarse. Piensan que mejorando sus armas disminuirán sus miedos.

Estos grupos forman tribus y, luego, naciones. Sigue su obsesión por las armas para defenderse de otras naciones, ya que con mejores armas tendrán menos miedos, pero se da la paradoja de que sus miedos aumentan.

Hoy, año 2022, un sátrapa iluminado nos amenaza públicamente con que, si le tocamos las narices, en tres o cuatro minutos es capaz de arrasar una docena de grandes ciudades y sabemos que puede hacerlo y que quizá lo haga, Ya no tenemos miedo, tenemos terror.

Por miedo, pequeñas y grandes naciones se unen para protegerse de las grandes. Para esto se desarrolló un gran proyecto teóricamente muy eficaz, la ONU, creada para debatir los problemas entre naciones. Pero pronto se convirtió en un sangrante monumento a la hipocresía al exigir y obtener las poderosas naciones su derecho al veto. Ya no se puede debatir, ni siquiera hablar de los atropellos que cometen, y todo por el miedo de perder poder y debilitarse.

El ser humano es la única especie que tiene miedo de sí misma. Cada individuo tiene miedo hasta de tener miedo; incluso en el ámbito de la nación se agrupan en sectores, formando partidos políticos y grupos financieros, luchando todos frenéticamente para aumentar su poder al precio que sea para perder sus miedos.

En el sector productivo de la sociedad, base de todo, para defenderse también hay agrupaciones como gremios y sindicatos, y por miedo a que se hagan fuertes están muy vigilados por los sectores de parásitos, políticos y financieros, que pronto los controlan: «Poderoso caballero es Don Dinero».

En el caso de otros sectores más deprimidos, para defenderse se organizan en mafias con la misma mentalidad y objetivos que los financieros, pero con otros métodos más descarados, que son delictivos. Hasta un amplio sector de nuestra juventud, que está desarraigada de la sociedad por miedo al hambre y a su incierto futuro, se organiza en bandas.

Creo que en esta lucha por ser poderoso y vivir sin miedo el medio ambiente, el cambio climático la desforestación forestal y el envenenamiento del aire, del mar y de la tierra son zarandajas que solo son tema de hipócritas discursos y actuaciones políticas.

Es terrible deducir que el gran enemigo de la humanidad es la propia humanidad, y que para protegerse invierte tiempo, recursos e ingenio fabricando armas de destrucción eficaces y en cantidad. Y tal empeño pone en destruir a su enemigo que, tarde o temprano, lo conseguirá: la humanidad destruirá a la humanidad. El miedo a tener miedo acabará con nosotros sin remedio. Aunque, eso sí, dejaremos muy jodido el planeta, pero sin nosotros se recuperará y volverán a cantar los grillos.

TEMA V

UTOPÍAS FINALES

Capítulo 1

Un país imaginado

Imagino un país ficticio, crisol de todos los pecados que conducen al desastre colectivo, que se parece a uno que conozco muy bien. Es un espacio peninsular rodeado por mar, excepto por una franja de tierra que lo une al continente. Por su latitud, disfruta de un magnífico clima y de buena tierra para el desarrollo de la agricultura y la ganadería.

En sus habitantes, después de siglos de guerras, de conquistas y reconquistas, y de una tiránica y salvaje opresión política y religiosa se implantó la mentalidad feudal en unos y la mentalidad de siervos en otros, y estas mentalidades se han mantenido hasta nuestros días. Por un lado, aristócratas, financieros, políticos, juristas y religiosos con mentalidades feudales y muy unidos por sus comunes intereses. Y por otro, cantidad de población con su atávica e histórica mentalidad de siervos, serviles y masoquistas, individualistas y desunidos, que siempre actuarán como entiendan que es agradable para sus «señores».

Las anécdotas que se explican de lo más profundo y oscuro de este imaginario país parecen chistes. Para mí no lo son. Por ejemplo: «Qué bueno es el señorito. Hoy solo me ha dado veinticinco latigazos». Y si después de los latigazos el «señorito» le pasa la mano por el lomo, al infeliz apaleado se le llenarán los ojos de lágrimas de emoción agradecida.

Otro ejemplo: «La chica de servicio», que le habla a su «amo» con voz compungida: «¡Ay, señorito, señorito! Con el respeto que le tengo y me he corrido antes que usted.

Este pueblo ha cambiado el concepto de malos y buenos por el de pícaros y «tontos». Admiran a los pícaros (listos) les hagan lo que les hagan, porque son la imagen de lo que les gustaría ser y desprecian y se mofan de los «tontos» (inteligentes). Con sus cerebros inmersos en una cómoda y habitual gandulería permiten que unos pocos listos les impongan cómo tienen que pensar, hacer y votar.

En este imaginario país, los malditos feudales con un gran alarde de hipocresía han creado una parodia de democracia, formando partidos políticos. Pero la realidad, mande quien mande, es que solo hay un partido, el de los ladrones de siempre, y entre ellos se protegen, aunque los veamos peleando, discutiendo o criticándose.

Con absoluta impunidad han destruido la agricultura, la ganadería y el tejido industrial del país, vaciando de población las zonas rurales por un forzado éxodo a las ciudades. Su proceder es fácil: ofrecen al productor precios de miseria, y si no los aceptan, importan o fabrican los productos agrícolas, ganaderos e industriales de otros países con la mano de obra más esclavizada, con flagrante chantajismo permitido y protegido por los poderes públicos.

Luego, estos productos comprados a precios de miseria aparecen en el mercado con precios de lujo, sin que el Estado legisle y controle, porque sus leyes de libre mercado pueden interpretarlas como les salga de las… narices.

La solución del Gobierno es bajar los salarios. Cuando el pueblo esté tan esclavizado como el de los países donde compran, quizá compren aquí. Si el pueblo construye hospitales, se los venden; si construye embalses para generar energía, se los venden; si se hacen pisos para trabajadores, se los venden.

Para beneficiar a una empresa, han sido capaces, con grave perjuicio para el país, hasta de apropiarse del sol y cobrar por su uso. Y a pesar de declararlo abiertamente, y que tendría que constituir un flagrante delito contra la sociedad, no tiene eco en la corrupta estructura judicial. También es penoso observar que en ciudades y pueblos grandes y pequeños prácticamente haya desaparecido el pequeño comercio; las tiendas de siempre, que formaban parte de un bagaje importante de la economía y de la cultura popular, ahora son acaparadas y condensadas en hipermercados que reúnen toda esta economía en pocos bolsillos, para terminar de rebañar la economía popular.

Han construido la sangrante paradoja de que en este paraíso de abundancia y calidad gastronómica exista la miseria, gente que pasa hambre, gente sin techo que duerme en la calle y delincuencia a todos los niveles. La de alto nivel está protegida por sus jueces, que carecen de dignidad profesional, y si alguno es condenado por el Gobierno es indultado. El pueblo que trabaja está a las puertas de la pobreza, y el que no trabaja y la mayor parte de juventud a las puertas de la droga, la desesperación, la delincuencia y el suicidio.

Su total impunidad, protegidos por políticos y juristas, les permite escarnecer a la sociedad, multiplicando sus beneficios por tres o por cuatro en productos básicos, como los energéticos, ocasionando una alta inflación que remata a la auténtica sociedad en la desesperación y en la miseria.

Para ellos no es más que un alarde de poder y despotismo que en su soberbia les produce un subidón de goce erótico. La única competencia de sus actividades la tienen entre ellos; el pueblo ni pincha ni corta. Ellos saben, conocen y son conscientes de que sus acciones han aumentado de forma alarmante los suicidios de los jóvenes, pero no les importa. Además de ladrones, son asesinos.

Capítulo 2

Mi utópico país

Después de destrozarme el espíritu observando con criterio despiadado la realidad de mi entorno, necesito desesperadamente soñar con realidades agradables que, como es obvio, sólo encuentro en sueños.

Hasta aquí he escrito sueños y realidades que percibo en mi entorno y, a partir de ahora, no puedo resistir la tentación de gozar describiendo oníricamente un país quimérico donde me gustaría vivir, aunque convencido de que es auténtica ficción.

Quizás, a causa de una gran explosión en la corona solar que emite unos rayos cósmicos muy especiales (creo que de otra manera no podría ser), que afecten solamente a los cerebros humanos más gandules, dóciles, serviles, domados, semiactivados y agilipollados, todos pertenecientes a sectores productivos y de servicios que forman la auténtica sociedad. O sea, el pueblo. ¡Y los activen! Y renuncien a su gandulería a la hora de pensar y a que otros cerebros listos les digan lo que tienen que pensar y votar; que les devuelvan la inteligencia, el sentido común, la dignidad, la propia estima y la facultad de cabrearse con lo que no es justo; que ignoren a los listos y escuchen a los inteligentes; que, conscientes de su fuerza, descubran que ellos son la base y creadores de la riqueza y de todo lo que es útil, que sobre ellos se sustenta todo; que sean conscientes de su poder; que olviden la individualidad y que se forme un numeroso sector social fuerte, muy unido y con objetivos muy claros y comunes; que consigan hacerse con el poder con las leyes democráticamente establecidas ante el desespero de los sectores parasitarios y feudales, que temen que les quiten su país, porque, claro, es suyo y de nadie más. Nunca manipularon estas leyes, porque estaban seguros de dominar la mentalidad del pueblo.

Tan poderosos son que ni siquiera se puede pensar en su destrucción, pero sí discurrir por una senda paralela contra la que nada podrán hacer, una vez que se ha establecido en el poder una administración sabia, capacitada y honrada.

El primer propósito, teniendo en cuenta que nosotros los humanos no hemos cambiado en milenios, ni vamos a cambiar, será estudiar una legislación sabia, justa y exenta de influencias partidistas y sectoriales, y crear órganos de control y vigilancia en cada sector con responsabilidad exigible y periódicamente renovables por el mismo motivo que los pañales. El primer objetivo es escapar del cerco en el que nos tiene secuestrados la poderosa y globalizada oligarquía financiera con su ciencia de la economía y las leyes que ha impuesto.

Es fundamental y prioritario paliar el hambre y la desesperación existente. Para ello, se funda un banco estatal y se crea y avala una moneda electrónica; el crédito, por llamarlo de alguna manera, solo tendrá valor en el ámbito del país. Se me ha ocurrido por un recuerdo de mi infancia. Yo era rico en cromos (tenía facilidad para ganarlos honradamente en juegos). Con ellos adquiría una divisa superior, los tebeos, y con cincuenta de ellos «compré» un estupendo patinete artesano de madera con cojinetes por ruedas, que a un amigo le había construido su padre. Mi amigo y su padre, encantados con los tebeos, y yo con el patinete. Yo era rico en cromos y tebeos, y mis padres, escasos en dinero. Si hubiera tratado con dinero, estaría intervenido, controlado y sin patinete.

Esta moneda electrónica estatal, al no tener valor externo, no podrá ser ni fiscalizada, ni intervenida, ni controlada fuera del país, pero dotará al Estado de un gran poder económico y con él se podrá adquirir todo lo que el país sea capaz de producir: viviendas, escuelas, hospitales, obra pública… El material de construcción es del país, como los técnicos y la mano de obra y la agricultura, la ganadería, la sanidad, la cultura y la enseñanza. Con la seguridad de que los costes en obra pública se ajustarán a los presupuestos y, lo más importante, permitirá al pueblo actuar como sistema autártico, con total independencia y en frontal competencia con el sector financiero globalizado y sus bancos privados.

El Estado tiene medios, con esta moneda, para contratar a los parados, a los ninis, a los menas, a los inmigrantes, a los sin techo. En fin, a todos, porque tienen el derecho y el deber de trabajar y hay mucho por hacer para recuperar la agricultura y la ganadería; reforestar los bosques y repoblar el vaciado espacio rural e industrial; activar la investigación y la docencia, la sanidad y la cultura.

Es evidente que esta moneda electrónica creada de la nada pronto estará avalada por un importante valor: el trabajo. El trabajo es riqueza, y su circulación por ser electrónica y controlada estará blindada contra especulaciones, «pelotazos» y corrupciones.

Los salarios serán suficientes para abastecer una economía familiar, incluida la vivienda; los jóvenes han de emanciparse y formar sus familias; es absolutamente necesario, porque son la próxima generación, el futuro. Tienen que ser la gran prioridad. Para los que trabajen, tres horas de su jornada las han de dedicar a formación profesional y cultural. Trabajen o estudien, han de percibir salarios suficientes para su emancipación.

Las empresas creadas o recuperadas por el Estado tendrán como prioridad la calidad de sus productos, que se podrán exportar. Entonces, la inversión en créditos se recuperará en moneda global. Una vez las empresas alcancen rentabilidad, se establecerán en cooperativas.

Todas las empresas tendrán contabilidad separada por cada moneda. Se prohíbe la importación de lo que sea capaz de producir el país. Así se acaba con los sectores que, con sus chantajes, arruinaron las empresas del país.

Es importante por motivos económicos y culturales recuperar el pequeño comercio de proximidad, ya que son un bien para la sociedad. Ha de facilitarse su implantación y sus únicos impuestos han de ser del rendimiento personal. Para su protección, el impuesto sobre los productos ha de estar en proporción a los metros cuadrados del local y al número de personal.

Se legisla como delito criminal de lesa sociedad el que una empresa de productos prioritarios como, por ejemplo, la energía aumente sus precios para multiplicar sus beneficios con nefasta influencia en la inflación y la calidad de vida de la población.

A los jueces se les exigirá responsabilidad de sus decisiones, como se les exige a los ingenieros, arquitectos, médicos, etc.

Se inicia el complicado camino para recuperar las empresas de importancia vital para la sociedad que los corruptos políticos malvendieron a los particulares.

Una gran prioridad para proteger a nuestra juventud es acabar con la droga y la diferencia de libertades entre hombres y mujeres. Y para ello existe ya una importante experiencia. En Estados Unidos, el 17 de enero de 1920 se instauró la ley seca, que prohibía la fabricación, importación, exportación y transporte de bebidas embriagantes dentro del país. El 17 de diciembre de 1933 se derogó. Esos catorce años de vigencia fueron una orgía de delincuencia sin parangón: gánsteres famosos, como Alcapone, y mafias surgieron poderosas. Sus inmensas fortunas conseguidas con el tráfico del alcohol les permitía sobornar a altos cargos de la política y de la justicia. Pensaban que toda persona tenía un precio y, en muchos casos, tenían razón.

Cuando se derogó, una pequeña parte de lo que se invertía en la represión era suficiente para controlar que la juventud no se emborrachara. Pero ya se habían generado inmensas fortunas y poderosas familias influyeron en la política de este país hasta la actualidad.

Esta experiencia se puede aplicar para la abolición de la droga, a pesar que la ley seca solo afectó a un país, y en la droga están implicados grandes intereses de poderosos a nivel mundial a los que habrá que hacer frente.

Para terminar con la droga, lo primero es que no sea rentable. Para conseguirlo, se legaliza. Todos tienen la libertad de drogarse; solo tienen que solicitarlo y un servicio médico le asignará la clase, cantidad y frecuencia que necesite y que podrá obtener de forma gratuita en farmacias y dispensadores automáticos a través de una tarjeta electrónica identificativa, porque se considera que un drogadicto es un enfermo.

Naturalmente, ha de existir una lista pública de drogadictos; la libertad de uno termina donde empieza la del otro. Todos tienen derecho a saber si el médico que te va a operar, o el conductor del autocar que lleva a tus hijos o nietos se droga.

Ya no habrá víctimas. Al que se pille drogado ilegalmente, se le condena a trabajos forzados en una granja hasta su total recuperación. No habrá piedad para los traficantes.

Para igualar la libertad entre sexos hay que tener en cuenta una importante diferencia física: la virginidad. Las mujeres nacen precintadas, mientras que los hombres, por soberbia, quieren ir de estreno. En ocasiones de mi vida, he podido observar impotente cómo mujeres, excelentes personas, eran el objetivo de los bajos instintos de los cobardes de la sociedad y les destrozaban la vida.

¿Cuántas mujeres habrán visto caer en algún momento el telón de su intimidad? ¿A cuántas les habrán preguntado «¿cariño, soy el segundo?». Para la igualdad de la intimidad sexual se legisla que a las niñas en su infancia se les extirpe quirúrgicamente el himen.

Hasta aquí es un «resumen-guía» del país que quiero. Tenía la ilusión y las ganas de escribir detallando y definiendo muy extensamente todo lo expuesto. Pero con el resumen termino, porque cuando lo leo me siento tan ingenuo que casi me sonrojo.

Nunca lograremos algo así. Creo que nada va a cambiar; siempre estaremos bajo la bota de los poderosos. Pero si todos tenemos la ingenuidad de despertar nuestro cerebro pensando a nuestra manera en el país que nos gustaría, quizás algo cambie. ¿O no?